デイトレ・ポちゃん

年金分（月30万）は
自分で稼ぐ！

浅井隆

第二海援隊

プロローグ

投資で成功するカギは自分自身に内在する

（グレアム）

一五年後の人生は、この一冊にかかっている

人呼んで、「デイトレのポン」。別名、「サヤ取りのポン」とも言う。

なぜ、こんなあだ名が付いたのか。それは、この「デイトレのポン」と呼ばれるおじいちゃんが、月三〇万円をあるノウハウを使って楽々と稼ぎ出し、優雅な生活を送っているからだ。

「デイトレ」とは「デイトレード」の略で、投資に詳しくない方には馴染みのない言葉かもしれないが、株などを長期で持たずにその日のうちの小さな利幅（サヤ）だけを狙って少しずつコツコツと稼ぐ投資のことを言う。そして、その投資家を「デイトレーダー」という。

では、ポンとは何か。これはある音のことで、ｉＰａｄ（アイパッド：米アップル社が販売しているタブレット端末）の画面の投資最終決定ボタンを押す時の音が、「ポン」というからだ。

時は、二〇三五年。すでに日本国は完璧に財政破綻していて、公的年金など夢のまた夢。日本中が老人で溢れ、食うに困ったジジ・ババが様々な事件を起こし、もはや国家の体をなしていない。ハイパーインフレが吹き荒れ、円と国債は暴落し、額面で二〇万円の年金は一応支給されているが、円の価値の下落で現在の価値でいう一万円分の中身しかない。銀行やゆうちょに預けた、大切な老後資金だったはずの預貯金も同じ運命で、二〇分の一の価値になってしまった。二〇〇〇万円が一〇〇万円では、とても生きて行けない。

＊＊＊

そんな中、この「デイトレのポン」じいさん（以下、ポンちゃん）だけは、ある特殊な投資ノウハウを駆使して月三〇万円（これは二〇二〇年時点での価値でいう三〇万円で、二〇三五年のハイパーインフレ下では六〇〇〇万円になっている）を着実に稼ぎ出し、人も羨むリッチな生活を楽しんでいる。先月は予想外の利益が出たので、「ニュージーランドにでも出かけて、将来の別荘探しでもしようか」などと考える今日、この頃である。

では、ポンちゃんは一体、何に投資しているのか。それこそ、「日経平均オプション」というものである。この本の読者の九九％は、「そんなもの、聞いたこともない」と言うかもしれない。しかし、これを知って活用するかどうかに、あなたの一五年後の人生がかかっている。まさに「天国と地獄」の分かれ目である。

たまたまポンちゃんは、一五年前の二〇二〇年に書店で手に取った本からその存在とすごみを知り、準備と修行を重ねて六五歳の定年を迎えることができた。すでに会社勤めの当時から、暇を見つけては取引を開始。複利効果で殖えて行くため、六五歳までの一〇年間で四〇〇〇万円近い老後資金（円を米ドルや金〈ゴールド〉にどんどん転換していたため円の暴落の影響を受けず、今の価値でいう四〇〇〇万円〈実際の額は二〇倍の八億円〉となった）を本当に作ってしまった。それ以前は老後が不安で不安で、夜も眠れない状態だったにも関わらずだ。

そして今や、ｉＰａｄ片手に自分自身の力で日々生活資金を稼ぎ出す、たくましいシルバーへと大変身した。今の夢は、五年後の二〇四〇年にニュージーランドに小さいが美しい別荘を持つことだ。そして、大進化した再生医療による驚異のアンチエイジングを来年から始めて、二〇歳若返ることだ。日本中が貧困化したシルバーで溢れる中、ポンちゃんは先見の明により自らの力で「天国」を手に入れたのだ。

「日経平均オプション」は一見難しそうに見えるが、慣れれば誰にでもできるもので元手も大してかからない。あとは、やる気と実行力だ。

本書では、まずポンちゃんの一日を紹介し、そのあとこの〝秘密のノウハウ〟を誰にでもわかるように解説したので、安心して読み進めていただきたい。

では、皆さんの老後がポンちゃんのように豊かで実り多いものとなることを祈って挨拶に代えたい。

いざ、ポンちゃんに続け‼

二〇一九年一二月吉日

浅井　隆

デイトレ・ポンちゃん――目次

プロローグ

第一章　デイトレ・ポンちゃんの一日

第二章 年金は自分で稼ぐしかない！
——国の言うことを信用するな

第三章　秘密のノウハウ――日経平均オプションとは

※注　この本は二〇二〇年の物価で書いています。

カバーイラスト・挿画：宮川総一郎

第一章　デイトレ・ポンちゃんの一日

何でも思い切ってやってみることですよ。どっちに転んだって人間、野辺の石ころ同様、骨となって一生を終えるのだから。

（坂本龍馬）

困難な時代こそ、知恵と勇気で明るく乗り切れ！

唐突だが、本書でお伝えするのは実はかなり深刻な話である。

タイトルの「ポンちゃん」という軽妙な語感に惑わされそうだが、これから到来する日本の危機的状況に、個人の力でいかに立ち向かって行くのか⁉　本書のテーマは、そうした非常に重たいものだからだ。

おそらく、本書を手に取った方の多くは、日本がいずれ極めて困難な時代に突入するだろうとは思いつつも、まだ若干の猶予があると感じているのではないだろうか。莫大な政府の借金、少子高齢化による国力衰退が叫ばれる中でも、まだそれほど深刻な経済状況にはなっていないため、実感がわきづらいというのがその理由と推察するが、私はもう数年もしないうちに、日本の社会状況はがらりと変わると確信している。

もちろん、今すぐにその予兆を感じ取れるようにはならないだろう。東京オリンピック後までは、今のような「ぬるま湯」状態が維持される可能性が高いとみられるが、しかしその後到来する世界的な大恐慌によって、日本没落は決定的になる。

リーマン・ショック以降、世界の先進国はこぞって金融危機の封じ込めに全力を注いできた。その方法とは「ひたすらお金を刷り、金利を下げること」だったが、そうした方法は未来永劫継続できるものではない。ある危険水域を一たび超えれば、まるで堤防が決壊するかのように金融パニックが私たちに襲いかかることになるだろう。

そして、天文学的な政府債務を抱える日本の財政は完全に立ち行かなくなる。そうなれば国家破産である。政府の借金は、大半が年金・介護・医療によるものだ。当然、年金の支給が著しく絞られることは間違いない。

一九九八年、ロシアが国家破産した際には、通貨ルーブルが紙キレ同然となり、蓄えを失った高齢者たちが次々と自殺して行った。一九九七年のアジア通貨危機によってＩＭＦの支援を受けた韓国も同様だ。というより、統計的には韓国の方が高齢者の自殺率は深刻だ。かの国では「豊かな老後」とは一部の特権階級のものであり、多くの国民が「老後」とはすなわち「貧困か自死か」という過酷な選択を迫られる状況にある。

日本が国家破産すれば、まず間違いなくこうした状況に陥ることとなる。つまり、「高齢者＝社会的弱者」であり、その高齢者が過酷な状況に追いやられるのだ。仮に今、多少の蓄えがあっても油断はできない。将来、年金収入のみになれば蓄えを切り崩す上、さらにその頼みの蓄えも何も対策しなければ早晩紙キレ同然となるからだ。

国家破産が到来すれば、日本円への信認は消え失せ、激しいインフレと円安によって価値がどんどん下がることになる。たとえば、五〇〇〇万円程度の蓄えを持っていても、何も対策せずに国家破産を迎えて日本円が二〇分の一の価値になれば、それはたった二五〇万円分の価値にしかならないのだ。

では、どうするか。先細りする年金に頼って死を待つのではなく、生涯にわたって生きぬく糧を「自分で稼ぐ」ことだ。

そこで本書では、国家の沈没と命運を共にしないための、具体的な解決策の一つとして「デイトレ」という方法を提示する。

デイトレというと、読者の一部から「そんな危なっかしい方法でやって行けるのか?」「えらく難しいのではないか?」「そもそも、投資をやったことがない自分には無理」などという疑問や意見が聞こえてきそうだ。

ここで誤解のないようにハッキリ言っておこう。デイトレは、「決して安全ではない」。さらに「そんなに簡単ではない」し、「それなりの勉強」や「それなりの経験」ももちろん必要となる。時には大きな損失を被るかもしれない。したがって、「自分には無理です」とハナから自分の限界を決める人には、それこそ無理な世界である。

ただ、よく考えてみてほしい。これからの時代は国家が破産する激動の時代だ。一般に「安全だ」と信じられている日本国債が紙キレになり、銀行が潰れて預金が吹き飛び、日本円の価値が暴落する、そういう時代である。努めて「安全」な方法を選んだつもりが、実はトンデモないリスクを負っていたということがいくらでも起きるのだ。

それなら、いっそのこと割り切って「自らリスクを取りに行き、それを制御する」という攻めの姿勢の方が、よほどこれからの時代に似つかわしい。

「案ずるより産むがやすし」という諺がある。実際にやってみると想像しているよりもなんとかできてしまうということだが、デイトレにもまさにそれは言える。実際、私もデイトレに対しての先入観がないわけではなかったが、やってみると思いの外「なんとかなる」ものだと身に染みてわかった。

トレードの対象とする「日経平均オプション」は、私は二六年前にそのすごみに気づき、その仕組みやリスクなどを学んできたが、実際の取引にあたって、必要となるパソコンやスマートフォン（以下スマホ）は一度も触ったことがなかった。しかし、その「ＩＴ初心者」の私が、今ではｉＰａｄ三台を駆使して日夜トレードを実践するまでになったのだ。

さらに、デイトレの手法を極めて行けば、たとえ高齢で重労働が無理な人でも、自分の年金を稼ぎ出すことや、さらにはひと財産作って第二の人生を謳歌することすらも可能だと思い至った。

ということで、読者の皆さんにもぜひ先入観を取り払って「一丁、腕試しでもしてみるか！」という前向きな気持ちで取り組んでいただきたいと思う。

ただ、「デイトレをやる」ということがどんなものなのか、イメージがつかめなければなかなか踏ん切りもつかないと思うので、本章では具体例を挙げて「デイトレをやる」のがどんなものなのかを見て行きたい。

私は、暗くなる話は嫌いだ。そこで、暗く困難な時代も明るく「ポン！」っと乗り越える「ポンちゃん」に登場してもらい、私が日頃実践しているオプションのデイトレードの流れを「ポンちゃんの一日」として紹介して行く。

なお、ポンちゃんが活躍する舞台は二〇三五年の日本だ。国家破産によって、日本円の価値が二〇二〇年現在の二〇分の一に下落してしまっているという設定にしている。したがって、本来なら日経平均株価やオプションの価格、取引の損益などもそれに応じたものになるのだが、そのまま書いてしまうと現在の水準とかなりかけ離れた数字が並んで混乱してしまうだろう。読者の皆さんにとって実感がわかない話になりかねないため、あえて現在の水準に合わせた数字に書き換えて説明している。

実際には、額面ではそれぞれの数字の二〇倍程度で取引しているということを、含みおいていただきたい。

ポンちゃん、とある一日の始まり

「ピピピピッ！　ピピピピッ！　ピピ――」。

「ワンワン！　ワンワンワンワン！」。

ポンちゃんの朝は、けたたましい目覚まし時計と、それに負けない愛犬「タロー」の大きな鳴き声の二重奏でにぎやかに始まる。と言っても、この二重奏は本日二回目のものだ。一回目は早朝の四時五〇分、この二回目は七時半。これがポンちゃんの平日のルーティンだ。

「ん～～、まあまあ寝たかな」。

布団をゆっくり剥いで伸びを一つ。起き上がって上半身を左右にひねると、枕元のiPadを起動させつつ部屋着に着替え、二階の寝室から一階のリビングに降りる。階段の下で嬉しそうに吠えながらしっぽを振って絡んでくるタローと、控えめで吠えないが強い目力で何かを訴えかけてくるもう一匹の愛犬「モモ」のあごを、交互にワシワシと撫でる。

「わかった、わかった。ご飯だろ？　な？　待て！」。

モモとタローのご飯を用意し、グラスにミネラルウォーターを注ぐ間も、iPadに表示されたネット証券のマーケット欄をチェックする。

「朝の引け値からめぼしい動きはなし、か」。

日経平均オプションが取引されるのは日中だけではない。平日夕方の一六時半から翌朝の五時半まで、「ナイトセッション」と呼ばれる取引時間が設定されているのだ。現在の金融経済は、ＩＴの普及もあって世界中がつながっている。日本の株式市場が閉まる夕方にはインドやロシアなどが日中となり、深夜から早朝にかけては欧州、そして世界最大の金融市場を誇る米国が日中となり、そ

愛犬たちとたわむれるポンちゃん。今日も優雅で緊張感ある、老後の一日が始まる。

れぞれ株式などの市場が動く。これら海外市場での値動きは、日中取引のみの現物株には翌日朝にしか反映されないが、夜間取引される日経平均先物、そして日経平均オプションにはリアルタイムに反映されるのだ。金融は、私たちが寝ている間も、それこそ二四時間動き続けているのだ。

また、日経平均オプションと一言で言っても、日中と夜間では値動きの「クセ」のようなものが微妙に違ってくる。ポンちゃんはそこに生まれるチャンスも捉えるべく、夜間取引が終わる前に一度起き、市場をチェックしてから場が閉まった五時半過ぎに「二度寝」をするのだ。もちろんチェックだけでなく、相場の動き方次第では取引しているポジション（建玉〈たてぎょく〉）を手放したり、逆に日中取引に備えて建てたりもする。

「おすわり！　お手！　お替わりは!?　伏せ！」。

ポンちゃんが掛け声をかけると、待ちきれないタローは食い気味にポーズを決めてくる。おっとりなモモが遅れて伏せするのを待って、最後に二匹としっかり目線を合わせ、「待て！　待てよ〜、待てよ〜」と言いながらｉＰａｄを取

日経平均オプションの取引時間

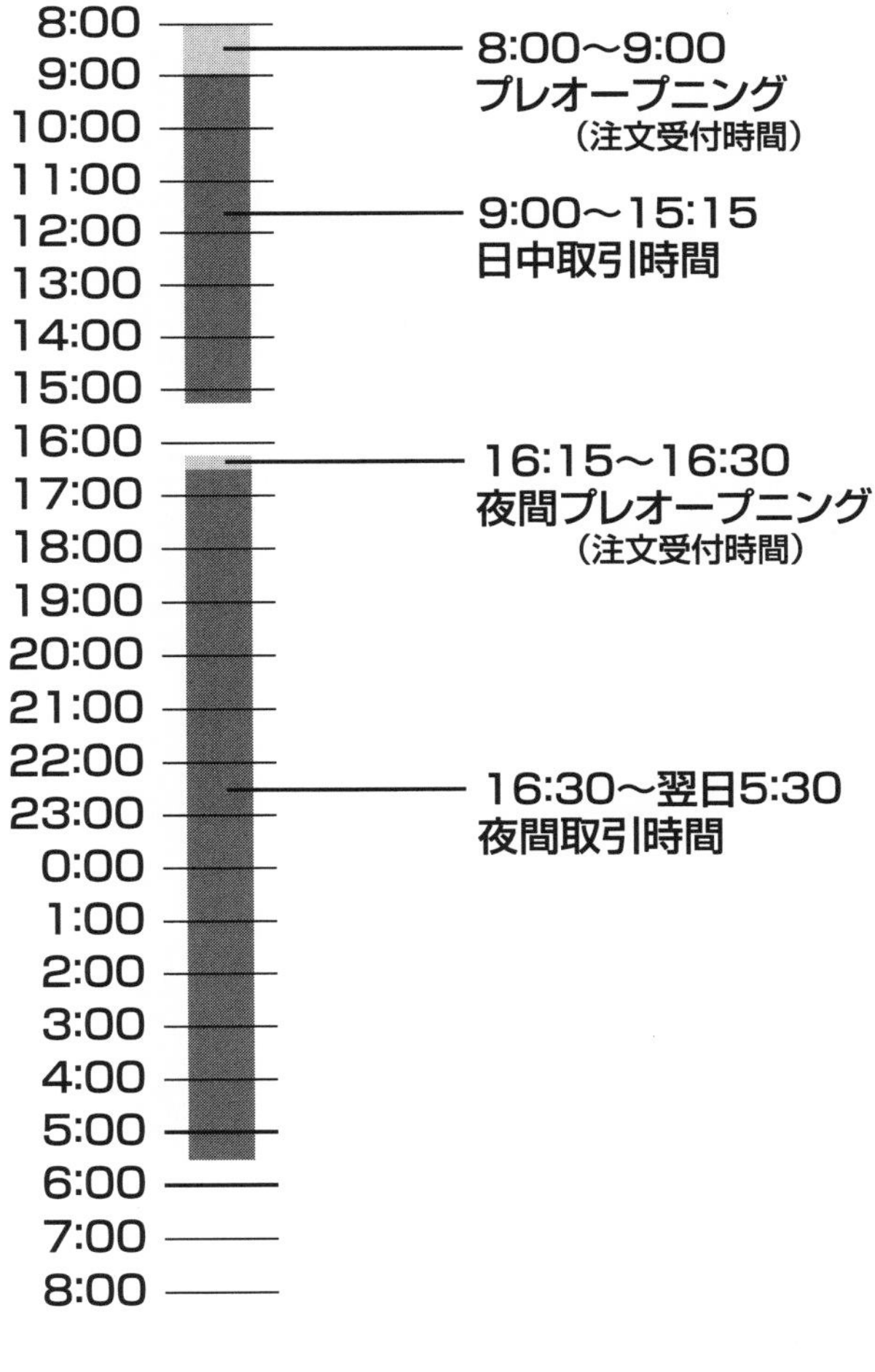
8:00
9:00
10:00
11:00
12:00
13:00
14:00
15:00
16:00
17:00
18:00
19:00
20:00
21:00
22:00
23:00
0:00
1:00
2:00
3:00
4:00
5:00
6:00
7:00
8:00
8:00〜9:00
プレオープニング
（注文受付時間）
9:00〜15:15
日中取引時間
16:15〜16:30
夜間プレオープニング
（注文受付時間）
16:30〜翌日5:30
夜間取引時間

りに行く。「早く〜」という表情のタロー、「どこ行くの？」と訴えかけるモモに〝待て〟をしながらｉＰａｄを取り、椅子に座ると同時に「よし！」。

カラカラカラ〜と音を立てて勢いよくご飯を食べるモモとタローを見やりながら、録画しておいた今朝のモーニングサテライト（ＴＸ系列で朝五時四五分〜七時五分に放送している経済ニュース）をｉＰａｄでチェックする。「米国の雇用統計はおおむね予想通り前期比〇・一ポイントの上昇となり……」――ニュースでは、想定内の経済指標が出揃ったことで目先の相場は比較的穏やかといった予想が伝えられる。ポンちゃんは、テレビ録画を流し見しながらコーヒーを淹れ、そしておもむろに「朝の支度」に取り掛かった。

ポンちゃん、デイトレとの出会い

と言っても、身だしなみを整え、服を着替えてどこかに出勤するわけではない。ポンちゃんは御年六五歳。長年勤めあげた会社をこの春に定年退職（二〇

24時間、金融は眠らない

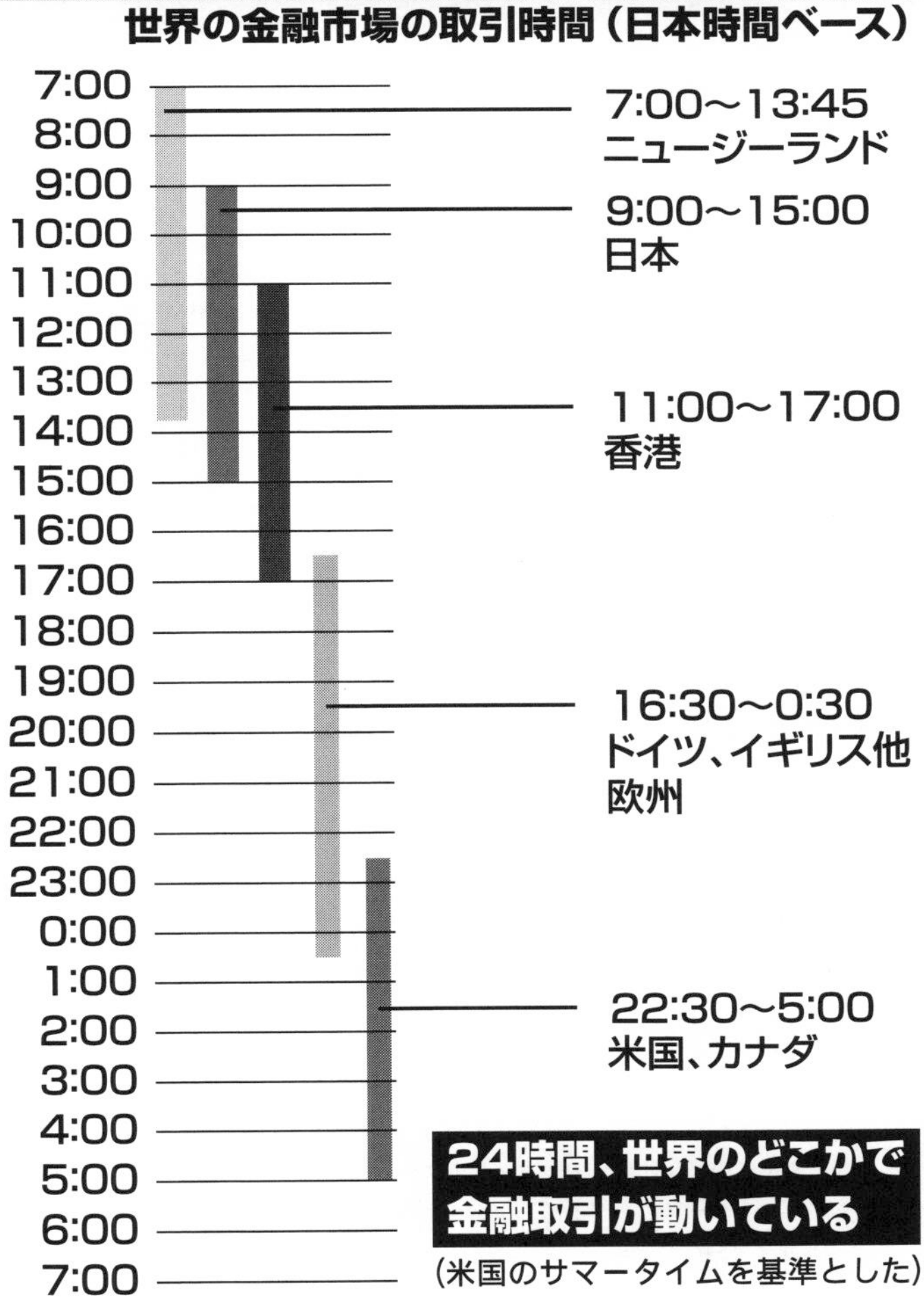
世界の金融市場の取引時間（日本時間ベース）
7:00
8:00
9:00
10:00
11:00
12:00
13:00
14:00
15:00
16:00
17:00
18:00
19:00
20:00
21:00
22:00
23:00
0:00
1:00
2:00
3:00
4:00
5:00
6:00
7:00
7:00〜13:45
ニュージーランド
9:00〜15:00
日本
11:00〜17:00
香港
16:30〜0:30
ドイツ、イギリス他
欧州
22:30〜5:00
米国、カナダ
24時間、世界のどこかで
金融取引が動いている
（米国のサマータイムを基準とした）

三五年頃は、定年退職は七〇～七五歳が主流で、六五歳は早い方だ）したのだ。元々は裏方部門の専門職をやっていたポンちゃんは、ちょうど六〇歳の時に時間の融通が利く間接部門に移った。奥さんが大病を患ったからだ。正直、やりがいもなく存在意義も怪しい閑職だったが、奥さんの看病のためにと会社にわがままを言って移動し、両立して勤め上げた。

しかし六二歳の秋、奥さんは帰らぬ人となった。大した趣味も散財するような道楽も持っていないポンちゃんにとって、奥さんとの何気ない日々こそが生きる意味の大半だった。その奥さんがいなくなって、ポンちゃんは身体の半分を持って行かれたような気分になった。初七日が過ぎてぽっかりと真空のような時間ができた瞬間、そのつもりはなかったのに止めどもなく涙が出てきた。そして、嗚咽を漏らしながらふと奥さんの口ぐせを思い出した。「私が先に逝っちゃったら、新しい女(ひと)みつけるなり、好きなことをやりたいようにおやりなさいな」――五つ年上の姉さん女房は、なにかにつけて「順番で行けば、私が先なんだから」とそんなことを冗談めかして言っていたのだ。

「それにしても、早過ぎるじゃないか……」物言わぬ遺影に話しかけると、奥さんの変わらない笑顔から「あなたはゆっくりいらっしゃい」という声が聞こえた気がした。そんなこと言ったって、これから何をよすがにすればいい？ポンちゃんは、ぼんやり遺影を眺めながら、答えのない問いを繰り返した。

相続やら諸々の手続きがひと段落してからも、ポンちゃんはこれからのことを考え続けていた。そして新しい年になり、桜が散って新緑の季節になったある日のことだ。

「さすがに今から、新しい女（ひと）もないよな」。

いつものように当てもなく考えていると、ポンちゃんは急に思いついたのだ。

「そうだ、デイトレやってみよう！」――一五年前、たまたま書店で立ち読みした本で「日経平均オプション」の魅力については理解していたが、その時は仕事が一番楽しい時期だったので本格的にやることはなかった。ただ、その後の恐慌相場、そして国家破産という大激動を通じ、折々でトレードしてきたことでオプションがいかにすさまじい威力を発揮するかを実際に目の当たりにしてきた。「これは面白い！　いつかは本格的にやろう」――ずっと温めてきたその思いを、いよいよ実行に移すことにしたのだ。

それからというもの、会社の仕事は「いかにして効率的に片付けるか」を工夫し、空き時間と帰宅してからは大半をデイトレの習熟に費やした。始めのうちは比較的簡単に利益が取れる時期が続いたが、すぐに負けが込むようになった。市況が大きく変わると、それまでの方法がまったく通用しなくなったのだ。またやり方を変えて収益機会を伺うも、一進一退の日々が続く。

ただ、ここであきらめては元も子もないと踏ん張った。なにしろ、異動で給料が大きく減った上に、折しも巷では第二次財政健全化プランと称した二度目の大幅な年金カットが大きなニュースになっていた。「今度の年金カットで、いよいよ大量の餓死老人が出る」などと物騒な噂が立ち、国会議事堂や厚生労働省には連日のように高齢者のデモ隊が押し寄せていた。

そんなことで、焦りがあったのだろう。たまたま調子良く勝てたあと、ついつい深追いしてとんでもないポジションを張ってしまい、信じられない含み損を前に心臓が破裂して死ぬのではないかというほどの思いも何度か経験した。

独学での探求に限界を感じた頃、投資勉強会やセミナーにもいくつも参加した。はずれも多かったが、実践しがいのある内容を教えてくれるものもあり、その後は選り好みせずなるべくいろいろな会に顔を出すよう習慣づけている。また、セミナーを通じて知り合った投資仲間と、いろいろなテクニックや考え方を教えあったりもした。その甲斐あって、長い目で見れば悪くない勝率を目指せるところまでやっとこぎつけた。なんとか、定年退職に間に合った格好だ。

ポンちゃんは、長年の良好な勤続態度と上下を問わず物腰が柔らかい穏やかな人柄で、職場での評判はよかった。望めば定年延長もできたが、スパッと退職した。一つは、再就職してもやりがいを見出せなさそうなこと。それに加えて、目下大いに取り組みたいことがあったからだ。

そう、「デイトレで年金を稼ぎ出す」という夢だ。コツコツ貯金しただけでなく、大相場を使ってオプションで利益を上げ、さらに退職金を合計すると四〇〇〇万円（現在価値換算：二〇三五年の額面ではおよそ八億円）もの余剰資産を作っていたので、これを活用して年金分を稼いで行こうというのだ。

勝算はあった。退職前年には一年の三分の二にあたる八ヵ月で年金分を稼ぐことができていたのだ。「市況は変化するが、しっかり自己ルールを守れば相当行ける……！」。そう決心したポンちゃんは、六五歳にして第二の人生を歩き始めた。「年金デイトレーダー」としての道だ。

ポンちゃん、いざ出陣

八時ちょっと過ぎ。モモとタローが食後の歯磨きガムに夢中になっている隙に、書斎を改造した「デイトレ部屋」に移動して、日経新聞にざっと目を通す。時間をかけず、めぼしいニュースにはマーカーでどんどんマルを付け、切り抜いて「情報箱」（と言っても菓子折の空き箱）に入れて行く。そして日経クイック（QUICK：日本経済新聞社の金融情報サービス）を見ながら為替、金利、海外の主要指標をチェックする。モーニングサテライトや日経新聞、ネットで確認した外交や企業業績なども合わせて、いつもの「トレードノート」にこれら情報の主要な数字や項目を書き出して行く。為替、金利や昨日の日経平均の他、日経平均先物やニューヨークダウなどの夜間取引の四本値（始値、高値、安値、終値）なども漏らさずに書いて行く。

こうして情報の整理が終わったら、iPad三台をすべて起動させ、動作チェックを行なう。もちろん、ネット証券は通信環境が命だから、WiFiのチェックも欠かせない。デイトレを本格的に始めるまでは、古いWiFiルーターをリビングの隅に隠すように置いていたが、デイトレに本腰を入れ始めてすぐに買い替えた。機械が古いと通信が不安定になり、とてもトレードにならないのだ。デイトレでは、時に秒単位での取引実行が損益を分ける。したがって、スマホなどの端末やWiFiルーターなどの機材、自宅に引き込むネットワーク回線などは、ケチらずなるべく良いものを使うに限るのだ。

「三台も要るのか？」という声が聞こえそうだが、ポンちゃんなりの使い分けの工夫の結果がこの「三台使い」である。一台は最新の市況やニュースチェック用、一台は個別のオプション銘柄の取引状況確認用、そしてもう一台が売買注文の入力用だ。また、万が一どれか一台調子が悪くなっても、即座に別の機械で応急処置ができるため安心してトレードができるのもメリットだ。

そして、意外に大事なのが「時計」だ。パソコンやスマホの時計は標準では非常に小さく見づらい。気づかないうちに取引時間が始まっている、ということにもなりかねない。そこで、部屋の目立つところに、見やすく正確な電波時計を置いておくのだ。

さて、ここまで準備したポンちゃん、少し時間がある時は、お気に入りのオーディオセットで一曲聞いて気分を高めて行く。窓を少し開けてみると、少し肌寒いが快晴で日差しも柔らかい。「こんな日に、やる気を出すならアレかな」——iPadに入っている楽曲リストから選んだのは、「ベートーヴェン交響曲第八番」。小澤征爾指揮ボストン交響楽団の演奏は、往年の大指揮者カラヤンやフルトヴェングラーの名盤とは異なる「若々しさ」が際立っている。快活で瑞々しい三拍子が流れ出すと、前向きな気分がわき上がってきて元気が出

デイトレに必要なもの

1. 情報ノート

世界の主要な株価、金利、為替、主要企業の業績、外交イベントなど関係しそうな情報をまとめたもの

2. リアルタイムの市況が確認できる端末

QUICKのような経済情報を確認

3. 日本経済新聞

4. 高速で安定したWi-Fi環境

5. 瞬時に銘柄売買の注文ができる端末

できれば市況確認用とは別がよい

6. 正確で見やすい時計

7. 自分に合った気分転換・切替方法

8. 健康な身体、前向きかつ冷静な精神状態

てくるのだから不思議だ。「さあ、今日も頑張りましょうか」。

九時一〇分前になったら、長時間の作業でも疲れにくい、トレード用の高機能デスクチェアに身を預け、いよいよ臨戦態勢に入る。事前に目星をつけていた、「二月限プット二万一〇〇〇円」の立ち合い気配板を見て注文の状況を確認。

ポンちゃんは、事前の情報整理から日経が小さく下げると見込み、プットで小さく取引して利益を目指すことにした。注目の銘柄は、九時の寄り付き（取引開始時間のこと）で前日比マイナス六円の二九円あたりで買えれば収益確率が高いと踏んだポンちゃんは、事前注文で二九円の買い指値を三〇枚入れる。

九時――いよいよ取引開始だ。日経平均オプションの銘柄一覧には、現在値の欄（直近に成立した取引の価格）に一斉に始値（その日最初に成立した売買の価格）が埋まって行く。「よし……っと」――ポンちゃんが入れた二九円の指値が無事に約定され、三〇枚の買建玉をまず確保できた。

その後、三〇分ほど日経平均株価はもみ合いとなり、ポンちゃんが買ったプットも売買が成立しないいままとなった。まんじりともせずに立ち合い気配の動きを眺めていると、板が急に動き出した。現物株で大型銘柄の売りが出たらしく、日経平均が一〇〇円ほどスルスルスルっと下落したのだ。「プット二万一〇〇〇円」は三一円にまで上昇した。「っ！　きたっ‼」。ポンちゃんは、すかさず三〇枚の決済売り（買っていたオプションを売りに出す注文）を入力すると、

「ポンっ！」。

――即座に実行ボタンを押した。見事に三〇枚すべてが約定し、本日最初の利益を確定することができた‼

「やったー！」。

「ワンワンワン！」。

思わず大きな声を上げると、びっくりしたタローがリビングから負けじと大声を返してくる。それにしても幸先が良い。なにしろ一枚三円の利益を三〇枚分取れたのだ。トータル九〇円の利益だが、日経平均オプションは表示価格の一〇〇〇倍が実際の取引価格になる。つまりこの場合、九〇×一〇〇〇＝九万円の利益ということだ（二〇三五年の通貨価値はその二〇分の一と換算するの

で、額面は一八〇万円という計算)。これは大きい。

「まずは一発、稼いだぞ!」。幸先良く滑り出したことで気持ちに余裕ができたポンちゃん、鳴き止まないタローを鎮めるためにリビングに戻り、しっぽを振って寄ってくるモモとタローの顔をぐりぐりともむ。

「もう一儲けできたら、週末は鹿肉ジャーキーで祝勝会だな!」。もちろん、その間も相場は動いていて目は離せない。iPadで気配板をチェックしながら、コーヒーブレイクを入れる。

相場の値動きとは、思い通りにならない生き物のように実に複雑だ。たとえば今回のトレードもたまたま三二円で売り抜けられたから成功だが、もし相場の行方をリアルタイムに確認せず、二九円で約定したあと三三円の売り指値をして相場から離れていれば、うまく売り抜けられず利益を確定できなかったかもしれないからだ。実際、ポンちゃんが売った直後に相場は三一円を付けて折り返したのだ。もちろん、三一円で売っても利益は取れるわけだが、紙一重のタイミングで利ザヤを取り逃がすなんてことはよくあるのだ。

「まずは一発、稼いだぞ！」道具を揃え、自分で決めた「鉄則」を胸に、相場には緊張感を持って取り組む。

もっとひどい場合、思惑とは逆に買った額より下がり続けて、損失が膨らむことすらある。オプション取引の基本原理は「時間が経つほど価格が下がって行く」、すなわち買ってほったらかしておくと損失になる確率が上がって行くというものだ。だから、一度ポジションを取ったらそれを解消するまでは決して油断はできない。利益確定はもちろん、どこで損切りをするか、その判断は建玉がある限り常に迫られているのである。

ポンちゃん、相場との向き合い方

相場がもうひと下げあると読んでいたポンちゃんは、部屋に戻ると三一円で膠着しているのを見て、「そろそろこの辺が仕込み時か？」と機を伺う。しかし寄り付きの時ほどの自信がないため、一五枚に枚数を減らして成り行き買いを入れ、約定（売買成立）と同時に三三円での指値決済売り注文も入れる。その後も値動きが重い展開がしばらく続いたため、ポンちゃんは「ん～～、見込みちがいだったか？」と思っていたが、やがて読み通り日経平均はもう一段下げてプットは三四円にまで上昇。約定一覧を見ると、三三円の指値売りがうまく刺さっていた。「よし！　また取れた！」。

二円×一五枚×一〇〇〇倍＝三万円の利益である。前場で一二万円の利益が取れれば上出来も上出来、出来過ぎですらある。勢いがついたポンちゃん、これはもう一回チャンスがあるかもしれないと思い、前場が終わる一一時半をめがけて、三度目の勝負をすることにした。

一一時過ぎ。十分に下がり切っていないとは思ったものの、時間も少なかったため三二円で揉み合いのところを三〇枚買い、三四円を目指して様子を見る。しかし、直後に日経平均が急激に上昇、プットはいきなり二七円にまで値を下げてしまった。

「しまった！　追いかけ過ぎたか！」。

ポンちゃんは、日々のトレードに厳格な自己ルールを決めて取り組んでいる。特に損切りのルールは重要で、「一日の損失が一〇万円を超えたら有無を言わさずその日は終了」というのを絶対に守っている。ここ数年のトレード実績から見出したルールで、ポンちゃんのトレードスタイルでは一日にこれ以上深追いしてしまうとペースが乱れ、やがて長期的にトレードできなくなる危険があるのだ。この日はここまでで一二万円の利益が出ているから、最大二二万円のマイナスまで許容できる計算だが、今持っているプットが二四円になると含み損が二四万円になってしまい、強制終了になってしまう。

二七円の今損切りをするか、値が戻るのを我慢して待つか。苦々しい思いで画面をにらむ。値動きが鈍く、すぐに戻りがあるか見当が付かない。トレードノートを見返すと、「今日の相場は荒れる材料が少ない」という朝の情報整理が目に付く。「よし、決めた」。ノートを信じて、待ちに徹することにしたのだ。

とはいえ、待つ時間は大いにストレスだ。リビングに向かい、モモとタローを小突いたりおもちゃのボールを無理やり奪い取ったりして気晴らしする。タローは執念深くボールを取り返しにくるが、モモは少しするとすねたようにうだれる。「ちょっとやり過ぎたかな……」と反省し、罪滅ぼしにしっぽの付け根

「しまった！　ヤバイ！」――そういうことも日々何度も経験するが、あわてず、騒がず、冷静に現状を見据えて対策を練るのだ。

をもんでやったりしていると、幸いにも我慢の読みが的中した。前引け（現物株の午前取引が終了する一一時半）に向けて日経が再び下落、二七円を底値として、プットの価格が戻ってきたのだ。

ただ、その勢いは弱く、ポンちゃんが目指した三四円には遠くおよばない。後場（現物株の午後取引である一二時半〜一五時）には前場から一変して相場の潮目が変わることもままある。含み損を抱えて昼を超すのは危険と判断し、二九円を付けた瞬間に成り行き売りに切り替えてなんとかことなきを得た。マイナス三円×三〇枚×一〇〇〇枚＝九万円の損失。結局寄り付きでの利益をまるまる吐き出してしまう結果だったが、それでもまだ三万円の利益は残っている。

ここで前場が終了。と言ってもこれは株式市場の話で、オプション市場は昼休憩なしに一五時一五分まで取引が続くのだ。朝から三時間近く張りつめっぱなしで、さすがのポンちゃんも少し疲れを感じてきた。損切りのプレッシャーから解放されて小腹もすいた。リビングに向かい、まとめ炊きして小分けにしておいた玄米ご飯を冷凍庫から出し、レンジで解凍するとお湯を沸かしてほうじ茶を淹れ、梅干しとほぐし鮭を添えてお昼休憩をとることにした。

別に貧乏でそうしているのではない。食べに行く時間が惜しいのと、食べ過ぎて集中が落ちないためだ。それに、コンビニや外食ばかりでは栄養も偏りがちになる。健康であることも、トレードには必須な条件と考えてのことである。

ガサついた気持ちをリセットするため、ｉＰａｄの楽曲リストを再び繰る。こんな時の「鎮静剤」には、モーツァルトが最適だ。再生ボタンを押すと、スピーカーから小春日和のような暖かい音が流れ出す。「クラリネット協奏曲Ｋ６２２　第二楽章」――これを聞くと、新婚旅行で訪れたチェコ・プラハを思い出す。五月のプラハは音楽祭真っ只中だった。「めったにない機会だから」とチケットを買ったコンサートの演目の一つが、この曲だった。特に好んで選んだわけではなく、たまたま取れたから行っただけだったのだが、ポンちゃんがモーツァルトのすばらしさに開眼するきっかけになったのだ。

その日のソリストは、チェコ出身の世界的クラリネット奏者ペーター・シュミードル。モーツァルトの軽快さや華やかさを存分に引き出した演奏は圧巻だったが、なにより第二楽章が奇跡的な名演だった。ホール天井のはるか上から降り注ぐ「天使の梯子」のようなソロの弱音。その透明な響きに、観客全員が呼吸すら忘れて惹き込まれたのだ。中には、あまりの神々しさに落涙する人もいた。ポンちゃんの人生の中でも、もっとも静かで貴重な時間だった。すっかりシュミードルのファンになったポンちゃんは、すぐにCDを買ってきて折に触れては聴くようになったのだ。

そんな思い出のモーツァルトだから「鎮静効果」はてきめんだ。すっかり落ち着いたポンちゃんは、ご飯に手を付けながら改めて振り返る。

「ん〜〜、危なかったな。最後のアレはやっちゃいけないやつだった。完全に調子乗り過ぎだ」。

つい、独り言が漏れる。あれは完全に負けパターンだった。なんとか傷を広げずにすんだが、デイトレで「調子に乗る」のは最悪だ。どんなに地味でもとにかく冷徹に、狙い通りのトレードだけをコツコツ積み重ねるのが成功の王道なのだ。まぐれ当たりを期待してはいけない。改めて気を引き締めなおすと、

「トレードノート」の最初のページに書いた「デイトレ鬼の鉄則」を見返した。

一、調子に乗らないこと。

二、一日でたくさんの利益を出そうとしないこと。

三、コツコツと継続すること。

四、めったに来ない大チャンスではなく、一〇〇戦五一勝でよいので小さく勝ち越すこと。

これらはセミナーや投資仲間、投資関連の書籍などで知った「これは価値がある」と思った掟をまとめ、自己ルールに作り変えたものだ。いずれも当たり前の掟なのだが、ポンちゃんはこれを金科玉条とし、自分をコントロールするために折に触れて読み返している。「これを守れなければ、いずれ投資で身を亡ぼす」――固い決意のもと、まるでお坊さんの修行のようにこれを守り続けているのだ。

今のポンちゃんの目標は、「年金を自分で稼ぐ」――つまり、毎月生活が成り立つ収益を上げることだ。一日平均一万円ちょっとの利益が出せれば、大体月三〇万円程度になる。これを継続できれば、仮に年金がまったくのゼロになったとしても最低限生活して行くことはできる。そう考えれば、前場で取れていたはずの九万円という大きな利益は、必ずしも必要ではない。相場の成り行きからたまたま利益が大きくなるのはよいが、それを狙って欲をかいた「博打」を打ってはいけないのだ。晴れの日もあれば嵐の日もある。それでもコツコツと続けられる範囲にケガを抑えて、累計で勝てればそれでよい。

だから、取った利益を吐き出してもよい。たとえ五一勝四九敗でも、勝ち越せれば勝ちは勝ちなのだ。そうやって冷静さを取り戻すと、少なめのご飯をなるべくゆっくりと食べ、午後の相場に備えた。

一二時半。後場が始まると、恐れていたことが起きた。いきなり日経が値をぐんぐん上げ、プットは二二円にまで下がったのだ。「うゎっ！　危なかった～」損切りしておいて大正解だったと胸をなでおろすも、その成り行きをじっくり見ているとどうも動きがおかしい。あまりにも極端に下げ過ぎていて、出来高も小さい（売買成立している数が少ない）のだ。

デイトレ鬼の鉄則

1. 調子に乗らないこと

2. 1日でたくさんの利益を出そうとしないこと

3. コツコツと継続すること

4. めったに来ない大チャンスではなく、100戦51勝でよいので小さく勝ち越すこといつもではないが、こういう時は多少時間が経って日経が下げ基調になると、スルスルっと値が戻ることがある。「もうワンチャンス、あるかもしれないな」と思ったポンちゃんは、案の定プットの値が戻ってきたのを確認して、二五円で一〇枚買いを入れ、そのまま大引け（現物株のその日の取引が終了する一五時）に向けて上昇するのを見届けると、二七円で決済売りした。

「ポンっ！」。

この日三回目、二円×一〇枚×一〇〇〇倍＝二万円の利益だ。

結局一五時一五分の日経平均オプションの大引けでは、プットは二八円まで上がっていた。しかし、そこは欲張って取りに行くほどではないな、とポンちゃんは考える。なにしろ、株式市場が引ける一五時からオプションの大引けまでのたった一五分の間に、なぜかフラフラっと価格が動いたりするのだ。真っ昼間にも関わらず、「逢魔が時」のようなうすら寒さを感じる時間帯で、ポンちゃんは「不用意には手出ししない」ことにしているのだ。

こうして、この日の取引は一旦終了する。

ポンちゃん、激辛モードと標準モード

日中取引が終了すると、主要な指標の数字などをチェックし、机の上を片付ける。リビングでモーツァルトの続きを聞きながら郵便を確認したり投資仲間にメールを打ったりするが、やはり早起きがきいたせいかけだるさを感じる。夜間取引は一六時半から始まるが、それに向けた事前注文は一五分前からできる。しかし、今日は相場の成り行きを見て参戦することにして一六時二五分まで昼寝タイムにした。

「ピピピピッ！　ピピピピッ！　ピピー―」。

「ワンワン！　ワンワンワンワン！」。

「ん、もうそんな時間か」。

本日三回目の二重奏で起き上がると、ポンちゃんは早速ｉＰａｄを起動して準備態勢を整える。さすがにもう少し寝ていたい気分だが、なにしろ今日は

「ガチポンの日」と決めている。自分を奮い立たせて夜間取引に向かうのだった。

「ガチポンの日」とは、「ガチンコでポン！（取引）する日」という意味だ。

この日は、日中だけでなく夜間も取引を行なう。先述の通り夜間は一六時半から翌朝の五時半までと長丁場だ。本当に相場に張り付いたら徹夜になってしまうため、二一時半までには取引を止め、遅くとも二二時には寝るようにしている。ただそれでも、朝の八時過ぎから一四時間、断続的ながらも緊張と集中を強いられるのはなかなかにキツイものだ。そこで、月に四〜六日程度は「ゆるポンの日」を設けて、疲れを溜めないようにしているのだ。

「ゆるポンの日」は、朝八時から始めて日中取引をこなしたら、夜間取引は行なわないという日だ。単にやらないだけではない。相場も見ない、ｉＰａｄも触らない、建玉は残さずすべて決済した状態にする。そうしないと、相場を見れば操作したくなるし、ポジションを持っていれば動きが気になって全然休まらないからだ。ゆっくり風呂に浸かったり、好きな映画を見たり、とにかく徹底して相場から離れるのがキモだ。

デイトレは、宝くじとは違う。一発大当てして終わりでなく、コツコツ長く続けることが重要だ。疲れが溜まるほどやり続ければ、集中も途切れてくるし負けも増える。気持ちもネガティブになりやがてトレードする気力も落ちてくる。それでは、長続きはおぼつかない。現役で新聞記者をやっている投資仲間のA井さんは、「原稿より健康」（身体を壊してまで原稿書いてもロクな仕事にならない）と言っていたが、まったくその通りである。「休むも相場」なのだ。

さて、夜間取引に突入したポンちゃんは、日中とは打って変わってある権利行使価格のコールに目を付けた。大引けから夜間にかけて、日経平均が上げそうな材料が出てきたのだ。案の定、夜間取引の寄り付きは日経が少し上げて始まり、目当てのコールはすでに四五円の始値が四八円になっていた。

「ここはまだまだ、様子見だな」。売り買いが入り混じって揉み合いになっている相場を眺め、ポジションを張るタイミングを伺っていたが、すぐに良いタイミングにはならないと見切りを付けたポンちゃんは、夕食の用意を始める。日中はまずまずの勝ち越しだったので、好物のシャンパンでミニ祝勝会をすることにした。と言ってもそんなに贅沢なものではない。一本数万円もするようなフランス・シャンパーニュの本格的なものでなく、一本二〇〇〇円もしないスペインの「カヴァ」と言うスパークリングワインだ。それも、数日前に開けてシャンパンストッパーで保存したものである。

ナッツやチーズなどの簡単なおつまみを少しずつ、そして有機野菜のサラダ、鶏肉のハーブソルト焼きに、先週末買い置きした「チャパタ」というイタリアのパンを一切れ添えて、はい、でき上がり。料理というほど手間もかかっていないものをササっと用意すると、愛犬の晩御飯も支度する。こちらは祝勝会のご相伴よろしく、特別に生の鶏ササミを茹で、冷ましてほぐしてドライフードにトッピングする。「なんか、犬の方が手間かかってるか？」と思いながらも、準備が完了した。「モモ！　タロー！　ごはんだよ！」。

リビングの定位置からドタドタと音を立て、興奮気味に寄ってくるモモとタローに、ルーティンのポーズを取らせて食事を与える。

「今日は勝ちました。かんぱ〜い！」。

勝ち越した時は素直に喜び、少しの贅沢と好きなことをして
次への活力とする。

シャンパングラスをモモとタローの頭に無理やり当てて、勝ち鬨（どき）のお供をさせると、夕方のニュースをざっとチェックする。と言ってもポンちゃん邸のリビングにはテレビはない。ｉＰａｄにワンセグチューナーを付けて、それで見るのだ。日頃、バラエティやワイドショーなどの類は一切見ないポンちゃんは、ある時気づいてしまった。「テレビ、要らなくないか？」。

そこからは早かった。各部屋に置いていた大小のテレビはすべて撤去した。残っているのは「デイトレ部屋」のオーディオに接続し、ネット配信の映画などを見るためのものだけだ。

夕方のニュースが終わり、バラエティ番組が始まるとｉＰａｄのテレビを閉じる。ポンちゃんはテレビ番組のガチャガチャした映像や音があまり好きではない。せっかくのゆったりした食事も静かに過ごそうということで、楽曲リストを繰ると雰囲気のある曲を選ぶ。ポンちゃん、モーツァルトやベートーヴェンも好きだが、ビートルズなどのロック、ポップスも幅広く聴く。また、どちらかというと懐古趣味で、映画なども一九五〇〜七〇年代の味わいのあるものが大好きだ。

ということで、祝勝会のＢＧＭは往年の名歌手、ナット・キング・コールの「Love Songs」にした。オリジナルアルバムを再編集し、名曲を集めたいわゆる「コンピレーションアルバム」と言われるものだが、「Unforgettable」（忘れられない人）や「Love Is a Many-Splendored Thing」（慕情）、「Stardust」（スターダスト）、「Autumn Leaves」（枯葉）といった珠玉の名曲がいっぺんに聞けるという実にお得な一枚だ。

ベルベット・ボイスと呼ばれた、甘く包み込むような「キング」の美声と、すっきりしたカヴァの味わいにホロ酔い気分のポンちゃん、三杯目に行きかけて手を止める。「おっと。今日はまだ一仕事あります。お楽しみは週末に、と」。

すっかり酔ってしまうとこのあとの取引に響いてしまうため、二杯で切り上げる。若い頃なら二、三本飲んでもケロッとしているほど「イケる口」だったが、特にデイトレを始めてからは節酒術も身に付けた。そういう節制も、デイトレのうちなのである。

夕食の残りを手早くすませ、洗い物をしたら、酔い覚ましを兼ねてお茶を淹れる。この時間なので、カフェインが入っていないものがいい。今日は、先日の北海道旅行で手に入れたとうきび茶だ。ほのかに甘い香りの湯気をあごに当て、気分一新、再び相場に向き合う。

夜間取引の成果は一勝一敗となった。勝ちの方は、目当てのコールを四二円で一〇枚買い、四五円で売って三万円の収益を取った。負けの方は、就寝前の二一時過ぎに仕込んだ四二円のコール一〇枚で、米国の経済指標発表に合わせ株価が上がると見込んだ取引だった。念のため四四円の利食い指値と同時に四〇円の損切り指値を仕込んだが、結局刺さったのは損切りの方だったという次第だ。目が覚めた深夜一時半の時点で約定していたため、経済指標が思ったより悪かったことが原因でほぼ間違いないだろう。二万円の損失となった。

こうして、ポンちゃんの「ガチンコ」の一日は終わり、そしてまた次の日がやってくる。この日の成績は六戦して四勝二敗、トータルで六万円のプラスだ。月三〇万円の目標から考えれば、上出来な一日だったといえるだろう。

「今日も一日の戦いが終わった」――「相場観」を磨くために集中して一日相場に向き合うと、結構疲れる。疲れを癒すためにも、睡眠は十分にとる。

もちろん、これは「ガチポン」の一日だから、外出もせずにみっちり相場と向き合ったが、運良く大きな利益を取れた時や逆に相場が予想外に目まぐるしく展開してうかつに参入できない時などは、早い時間に見切りを付けて別のことに取り組む日もある。買い物に行ったり、犬の散歩をしたり、重要な勉強会や仲間との情報交換に出向いたりもする。

ただ、このように集中して相場に向き合うことなくしては、生き物のような相場のクセを知ることはできず、ひいては安定的、継続的に利益を取るための勘所もつかめない。ポンちゃんが根(こん)を詰めて頑張るのは、ただ単にたくさん稼ぎたいからではなく、そうした「相場観」を常に磨き続けるためでもあるのだ。

ポンちゃん、一週間のルーティンと年間カレンダー

では次に、ポンちゃんの標準的な一週間と、季節ごとの動き方についても見て行こう。読者の皆さんは、「ガチポン」でデイトレ三昧のポンちゃんに休みは

ポンちゃん1日の取引まとめ

時刻	取引内容	収支
9時	プットを29円で30枚買い、32円で決済	+90000円
10時前	プットを31円で15枚買い、33円の指値売りで決済	+30000円
11時前	プットを32円で30枚買い、29円で損切り	▲90000円
14時前	プットを25円で10枚買い、27円で決済	+20000円
19時半過ぎ	コールを42円で10枚買い、45円で決済	+30000円
21時半過ぎ	コールを42円で10枚買い、40円で損切り指値売り（深夜1時頃）	▲20000円

取引収支：+60000円

あるのか？　と疑問をお感じかもしれない。しかし、ご安心いただきたい。ポンちゃんの休日はオプション市場に準じている。具体的には土日なのだが、実は土曜日は早朝まで市場が動いている。金曜日の夜間取引が、一六時半から翌土曜日の五時半まであるためだ。そのため、朝までみっちりやったら午前中は長めの仮眠を取り、そこからがハッピータイムの始まりだ。

夜は馴染みのお店に繰り出して、カラオケでストレス発散だ。店は、大分ご年配だが元気でよく声の通るママさんがチャキチャキと仕切っているが、店の雰囲気はおっとりしたチーママが作り出している。常連たちの話に何気なく相槌を打っているようで、きめ細かい心づかいが嬉しい。しかも、いかにも昔はお綺麗であったろうという、なんとも上品な佇まいである。なんなら客の大半がチーママ目当てと言っても過言でないように見えるが、そこは常連がしっかり防波堤になっているのだろう。店の客層は非常に良く、なんとも居心地がよい。実に不思議な店なのだ。

楽しい土曜日を過ごしたら、日曜日は大好きな映画を見たり、歴史ものの小説を読みふけったり、犬の運動のために遠出して大きな公園に行ったりと、相場を忘れてゆったりと過ごす。勉強会やセミナーに出向くこともあるが、休日はなるべく相場のことを考えない方がメリハリが付いてよい。

その代わり、平日は基本的に戦闘モードだ。月曜の朝こそ相場がないので早起きはせず、八時頃から準備をして取り掛かるが、そこから土曜早朝まで基本的に市場はノンストップだ。日経平均株価は九～一五時までしか動かないが、日経平均先物とオプションは動き続けるためだ。

実は、この先物もオプションの価格に影響している。そして、日経平均の先物は大阪取引所以外にも上場され、取引されているのだ。一つはCME（シカゴ・マーカンタイル取引所）に上場されているCME日経平均先物、そしてもう一つはSGX（シンガポール取引所）に上場されているSGX日経平均先物だ。大阪とシンガポールは時差が一時間しかないが、CMEは日本が真夜中に日中となり取引が集中する。そのため、これらの先物は同じ「日経平均先物」であるにも関わらず微妙に値動きが異なるのだ。こうした要因も複雑に絡まり合って、日本の夜間にも関わらずオプションは取引されているのである。

また、ニューヨークダウなどの大規模な株価指数などは、日経の価格形成にかなりの影響力があることが知られている。完全に相関することはまれだが、ある程度はニューヨークダウの動きに沿ってCMEやSGXも動き、結果として日本での価格にも影響がおよぶことがあるのだ。特に、寄り付きの価格は海外の動きに沿ったものになることがままあるため、その動きをあらかじめ抑えておかなければ先んじて手を打ちチャンスをつかむことはできない。そうなると、先述したように「ガチポン」で情報を追いかけて行く必要があるのだ。そう考えると、会社勤めほどではないが意外に勤勉に取り組んでいることになる。

では、もう少し長いレンジではどうだろうか。まず重要なのが、毎月一回あるSQだ。詳細は後述するが、オプションの「特別清算日」と言われるもので、ここに向けてオプション価格は大まかな法則性を持った動きをする。そのため、SQ直前の何日かは基本的に「ガチポン」で挑む。

また、年一二回あるSQのうち、四半期末にあたる三、六、九、一二月は

「メジャーSQ」と呼ばれ重要だ。日経平均先物のSQも同時にくるため、市場の変動要素が多いためだ。

さらに、三月末と九月末は別の意味で重要だ。上場企業の年度末にあたり、配当などが関係してくるからだ。こうした時期は、基本的になるべく他の予定を入れず、相場に集中するように調整する。当然、多くの企業の業績が発表される時期というのも見逃せない。

株式とは直接関係ないイベントにも、注意が必要だ。たとえば、主要先進国の選挙、経済統計の発表、中央銀行の発言なども、その内容や行方いかんで市場を動かす要因になりうるため、欠かさずウォッチすることが重要だ。

また、意外と見落としがちなのが休日だ。日本の休日は当然日本人なら知っているが、海外の休日が意外に盲点になるのである。特に、当然だが米国の休日は日本とはまったく異なる。夜間に値動きがないと思っていたら、米国が休日だったなどということはよくある。逆に、日本の休日に海外市場が動いていると、かなり注意しなければならない。

たとえばゴールデンウィーク中に米国や欧州でイベントがあり、株価が急落しても日本の市場はすべて休んでいる。すると、連休中の海外での価格変動が連休明けに一気に収れんし、寄り付きがパニック状態になるということもあるのだ。こうした事情は、年末年始などにも起こりやすい。

株式市場でよく言われている「アノマリー」（原因を説明できないが起こりやすい傾向があるとされる経験則）にも注意が必要だ。有名なものでは「一月効果」（年末から一月中旬にかけて株は上昇しやすい）や「Sell in May」（株は五月に売れ）などで、いずれも明確な根拠はないがこうした経験則的なものが市場心理を作り上げ、株価に影響するという側面が考えられるためだ。

ポンちゃんは、正月休みにまとめて手帳と「トレードノート」にこうしたイベント、重要日などをあらかじめ書き込み、それから他の予定を組んで行くようにしている。方法は千差万別だが、デイトレをやる上でこうした長期スケジュールを抑えておくことは基本の「き」であるため、怠りなく取り組むべきだろう。

ポンちゃん、日常の楽しみと将来の夢

週に一回のカラオケでのストレス発散とは別に、ポンちゃんはデイトレの日常から抜け出すためのちょっとした楽しみを用意している。まず、月に一回程度、片道二時間近くをかけて山の神社にお参りに行くことだ。昔から「霊峰」として名高いその山のお社を訪れると、デイトレがうまく行かず悶々としていたり、逆に浮わついていたりしてもなぜかしら穏やかな気持ちになれるのだ。神聖な空気が俗世の垢を流し落としてくれているのだろう。深く呼吸し、正式な参拝をして帰るのが大きな気分転換であり、また良いリズムになっている。

また、正月やゴールデンウィーク、連休などで相場がお休みの時は、ちょっと贅沢してグルメツアーに出かけることも楽しみだ。日頃は質素でワンパターンな食事なので、こういう時こそ味わったことのないものに出会うのもデイトレへの活力につながる。

映画もポンちゃんの楽しみだが、奥さんが亡くなってからは映画館に行くよりも自宅で楽しむことが多くなった。映画館だと好きなタイミングでトイレに行けないし、もし当てが外れてつまらない内容でも、途中退席がしづらい。作品選びも、新作は過剰な広告宣伝で良し悪しがわかりづらいが、公開から一〇年以上が経ち、それでも名が残っているものはやはり当たりが多い。

最近も、二〇一八年公開の「グレイテスト・ショーマン」を見て大いに感動した。よく調べてみると、これほど力強いメッセージ、胸を打つ音楽にも関わらず、アカデミー賞を一部門も取っておらず、評論家の評価も厳しいものが多いことに驚いた。一方で観客からの口コミ評価はかなり高く、かなり「変わった」作品だと知った。こういう作品は、映画館での公開中に見に行くか悩んでしまうが、時間が経てばネット配信でゆっくり見られるのも非常に嬉しい点だ。

ただ、この日常の楽しみが、決して些細なことではないこともポンちゃんはわかっている。この一〇年で、日本の現状は悪い意味で驚くほどに様変わりした。二〇年も前ならこんな日常の楽しみはあまりにありきたりであり、むしろ

散歩をして身体を動かし気分を晴らすことは、とても良いことだ。時には iPad や携帯から目が離せなくなることもあるが、“歩きスマホ”は要注意だ。ベンチに腰を掛けてじっくりやろう。

地味ですらあった。それが、今や楽しめるということ自体が実にありがたいというご時世だ。

なにしろ、巷では国家破産によって医療・年金・介護がどんどん削られている。結果、家もなく明日の糧すら不安な高齢者が大勢生まれ、死の恐怖に震えながら空き家や廃墟でうずくまっているのだ。

数年前まで、自分もその側に転落してしまうのではないかという強烈な不安に苛まれていた。しかし、今は違う。デイトレという武器を手にして、日々格闘しながらもなんとか生活を維持できているどころか、好きな音楽や映画、グルメなどを純粋に楽しむことすらできるのだ。こんな幸せなことがあるだろうか!?　そして、自分がこんな暮らしをできているのは、「好きなことをやりたいようにおやりなさいな」と言ってくれた奥さんの後押しも大きいだろう。改めて奥さんに感謝し、ポンちゃんはそっと遺影に手を合わせた。

その一方で、最近は一抹の淋しさも感じ始めた。それは単なる独り身の淋しさではない。デイトレを通じて本当の意味で経済的に自由になれて、自分と愛

愛犬たちとの時間は、何よりも心と身体を癒してくれる。緊張と緩和、そのほど良いバランスが老後の頭と心と身体にとても良い。

犬二匹がこのまま余生を過ごすことは十分できるようになった。その気になれば、それよりもはるかに多くの財産を稼ぎ、残すことすらできない話ではない。次なる夢、ニュージーランドに小さな別荘を買い、また最新医療を受けて健康長寿という夢も、おそらく手にできるだろう。

でも、それらはすべて自分の満足のためだ。そうではなくて、何か社会のため、人のためにできること、残せるもののために生きたい。それは言い換えれば、自分の「生きた証」を残すということだ。

それから、ポンちゃんは時々物思いにふけるようになった。デイトレを始めた時は、「一日に三回花を咲かす」ことを目標にしてきた。つまり、一日に三回利益を出すことだ。それは決して大きな花でなくていい。もし六戦して三勝三敗ならトントンだがそれでもいい。五戦して三勝二敗と勝ち越せればなおいい。四戦して三勝一敗なら上出来、三戦三勝なら出来過ぎだ。いずれにしても、そういう小さな積み重ねで「一日三回花を咲かす」ことを目指してここまできた。

「自分の人生も、同じようにできないだろうか」つまり、「一生のうちに三回花を咲かす」ということを、ポンちゃんはここにきて真剣に考えだしたのだ。一回目は「仕事と奥さん」によって自分の人生を明るく照らす花を咲かせられた。そして二回目の今、困難な世の中を自分の足でたくましく歩くために、自分の足元を照らす「デイトレ」という花を咲かせることができた。となれば、三つ目の花は、「世の中を、誰かを照らす希望の花」がいい。まだ自分にもやれることがあるかもしれない。なによりもその「自分がやれること」をやってみたい。考えはまだ漠然としていたが、ポンちゃんは未知の将来にワクワクしていた少年の頃の気分を久々に感じていた。

「まだまだオレも、老け込んじゃいられない、な」。

モモとタローの頭を撫でながら独り言ちると、ポンちゃんは新たな作戦に向けて「情報箱」から日経平均株価のチャートを何枚も取り出した。かねてから温めていた、特殊な局面で「大勝負」するための市場分析だ。オプションでは、「デイトレ」的にコツコツ稼ぎだす方法とは別に、株の暴落局面には少額でも爆発的に利益を得られる方法もある。コツコツ稼いだ軍資金を元に、「ここぞ」の時に勝負を仕掛け、大きな資産にしようと考えていたのだ。

「どんな花かはまだわからないが、お金が多過ぎで困ることはないな」。

そう、次の夢を決めるまでも時間は無駄にしない。三つ目の花を探す間にも、オプション取引を極めてみようと、決意を新たにしたポンちゃんなのだった。

第二、第三のポンちゃんになろう！

ポンちゃんはあくまでも架空の人物だが、こうやって人となりを追いかけ、その日常を見てみると存外に「普通の人」だったのではないだろうか。「デイトレーダー」と言えば、日がな一日パソコンの画面を何枚も並べて人並外れた取引を行なったり、莫大な利益を得て夜な夜な豪遊した挙句無一文になったりといった「極端な人」を想像してしまうかもしれないが、実はまったくそんなことはない。まがりなりにも「デイトレーダー」として長く活動できる人というのは、むしろ地味な人である。自分が決めたルールを淡々とこなし、無理がない範囲で努力を怠らず、刹那的な欲にとらわれない人が成功するのだ。

考えようによっては、若くて向こう見ずな時よりも、多少年を経て落ち着きが出てからの方が、「デイトレ」にじっくり取り組むには良いかもしれないということだ。先入観を捨てて、「一丁、やってやるか」という気持ちで取り組んでいただきたいとお伝えしたのは、まさにその点を考えてのことだ。

イメージをつかめてきた読者の皆さんには、本書の中でより詳しい解説をして行く。なぜオプションなのか、そしてオプションとはどういうもので、具体的に何を準備しなければならないのかをなるべくわかりやすく解説して行くのでじっくりとお読みいただき、これからの活用に生かしていただきたい。そして、皆さんの中から第二、第三のポンちゃんが登場してくれれば、それに勝る喜びはない。

第二章　年金は自分で稼ぐしかない！
——国の言うことを信用するな

一度も闘わないよりは闘って負ける方がはるかに良い

（クラフ：イギリスの詩人）

年金積立金は、給付額の三年分もない

二〇一九年六月、国中で大騒ぎされた「年金二〇〇〇万円不足問題」。読者の皆さんの中にも、不安を感じている方は少なくないだろう。その不安は的中するのか、それとも単なる杞憂であって的外れなものなのか――結論をズバリ申し上げよう。その不安は確実に的中する、と。国が言う「年金制度は一〇〇年安心」などというのは、まったく根拠のない口先だけのものである、と。

こう申し上げても、いろいろと疑問や反論をお持ちの方もいることだろう。たとえば、「俺はちゃんと毎月、年金保険料を納めてきたし、その積立金があるはずじゃないか。年金積立金の運用っていう話を聞いたことがあるぞ」。

そう、確かにその通り。ほとんどの読者の皆さんはきちんと年金保険料を納めてきているであろうし、確かに年金積立金の運用も行なわれている。

厚生労働省が二〇一九年八月九日に発表した数字によれば、二〇一八年度の

厚生年金と国民年金、合計の積立金は時価ベースで一六六兆四八四五億円となり、前年度末と比べて二兆三三二三億円増加した。そしてこの額は、二〇〇一年度に市場運用を始めてから過去最高を更新したとのことであった。

こういった報道をご覧になって、「ほら見ろ、年金積立金が一六六兆円以上もあるじゃないか。年金危機なんて、ただ単に危機をあおりたがる奴が言ってるに過ぎないんだよ」と思われる方もいるかもしれない。私もこの厚生労働省の発表数字は、確かなものだと思っている。

しかし、この数字は確かなものであっても、残念ながらわが国の年金制度自体は確かなものではない。なぜなら、まず第一に、一六六兆円という額はあまりにも小さな額であるからである。それは同じ二〇一八年度の年金給付費を知れば、すぐにわかる。二〇一八年度の年金給付費は、五六兆七〇〇〇億円。もし、年金積立金を取り崩して年金給付に充てているのだとすれば、三年も経たずに年金積立金は底を突いてしまう。

年金給付額は、「すでに」それほどの額になっているのである。

現役世代が肩車で高齢者を支える時代に

今、「すでに」と書いたが、年金給付額はもちろん、高齢化が本格化するこれからの時代、ますます膨れ上がる。政府の試算によれば、二〇二五年度には五九兆九〇〇〇億円、二〇四〇年度には七三兆二〇〇〇億円になる。ここで皆さんは、疑問を持って当然だ。「将来、年金の給付が厳しくなるとかの話以前に、積立金じゃないとすれば、今はどうやって年金を給付しているのか？」と。

ここで、わが国の年金制度の基本について、説明しなくてはならない。大きく分けて、年金制度には「積立方式」と「賦課方式」とがある。よく耳にする「積立」に対して、「賦課」とは聞きなれない言葉だが、辞書的には「租税などを割りあてて負担させること」（広辞苑）となっている。年金制度の実態に即してわかりやすく言えば、高齢者の年金を現役世代に割り当てて負担させるということだ。つまり、現役世代が払っている年金保険料がそのまま高齢者の年金に回っているのである。

言い方を変えれば、今、あなたが払っている年金保険料は、あなた自身のためのものではない。今の高齢者のためだ。そして、今まだ高齢者でないあなたの年金を払ってくれるのは、あなたが高齢者になった時の現役世代なのだ。

ここまで説明すると、読者の皆さんは当然の不安に襲われるだろう。「私が高齢者になった時の年金を担保するのはその時の現役世代ですって⁉ 少子高齢化で現役世代はどんどん減って行くんじゃないの？ 一方の年金をもらう高齢者は、どんどん増えて行くんじゃないの？」と。そう、その通り。

八三ページのグラフをご覧いただきたい。わが国では生産活動に従事できる現役世代を一五歳以上六五歳未満とし、この年齢に該当する人口を「生産年齢人口」と呼ぶ。これだと高校生の年齢からということになり、今の日本の実態とはちょっとズレている感じはするが、統計的に以前からこの数字を用いているから連続性ということでご納得いただきたい。このグラフは、六五歳以上の高齢者を何人の現役世代で支えているかの長期推移グラフだ。

65歳以上を15～64歳で支えた場合の人数比率

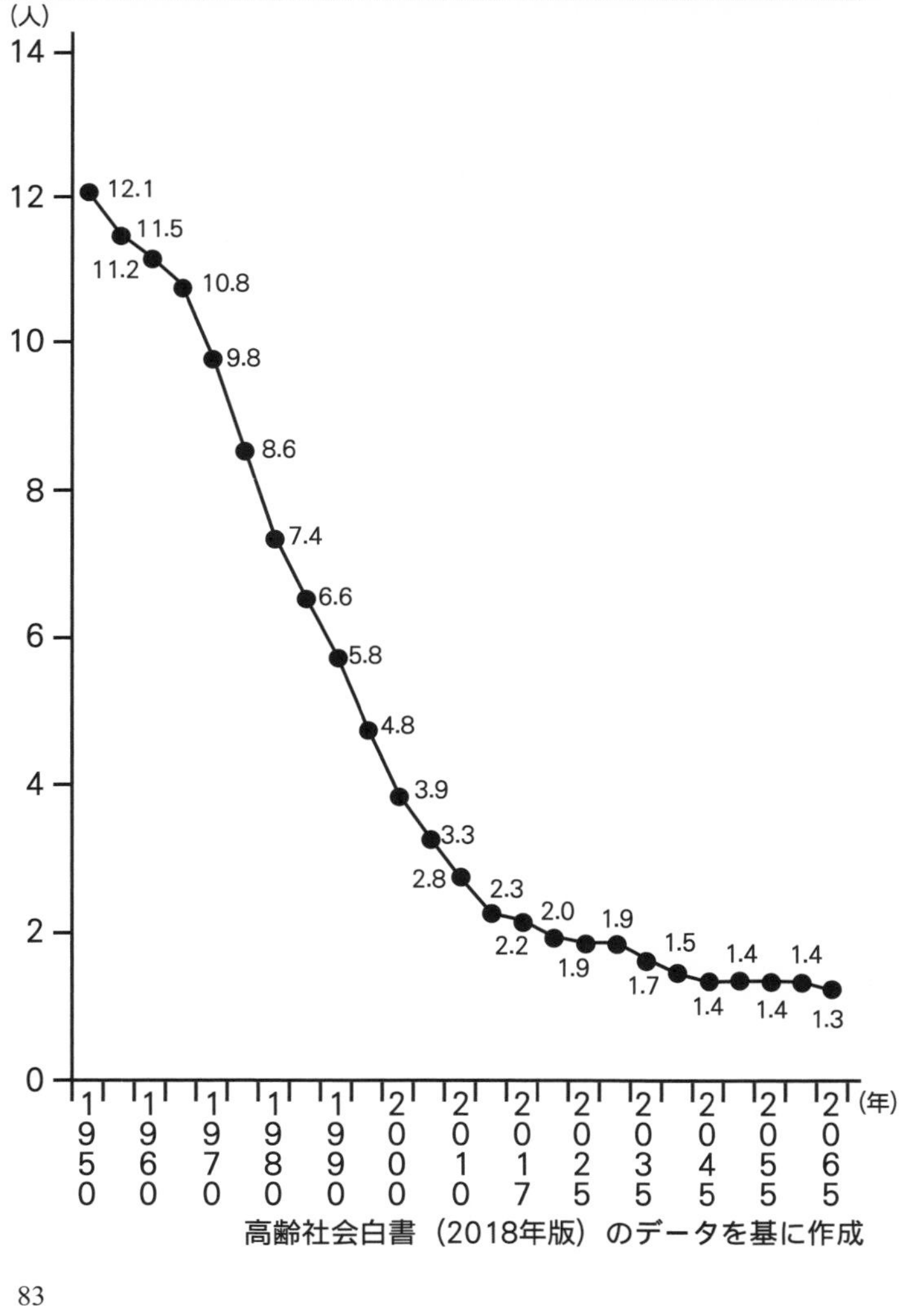

高齢社会白書（2018年版）のデータを基に作成

わが国が「国民皆年金」になった一九六一年（昭和三六年）、一人の高齢者を支える現役世代は一〇人以上もいた（ちなみに、それまで自営業者の年金はなかった）。田中角栄が「福祉元年」「年金元年」を宣言し、年金制度を充実させた一九七三年（昭和四八年）時点でも、九人くらいで支えていた。グラフでわかる通り、その後お年寄りを支える現役世代の人数は急速に減って行った。

二〇一七年では二・二人で支える状況になっており、二〇四〇年には支え手は一・五人にまで減ると推計されている。経済予測などというのはあまり当てにならないものだが、人口推計だけは極めて確度が高い。だから、高齢者の年金を支える現役世代がこれからもどんどん細って行き、ほとんど「肩車」のようにして支えなければならない時代がくることは避けられないと断言してよい。

国民皆年金は「もはや戦後ではない」の五年後から

ここまで、わが国の年金制度は現役世代が高齢者を支える賦課方式で、支え

高齢者1人を支える人数

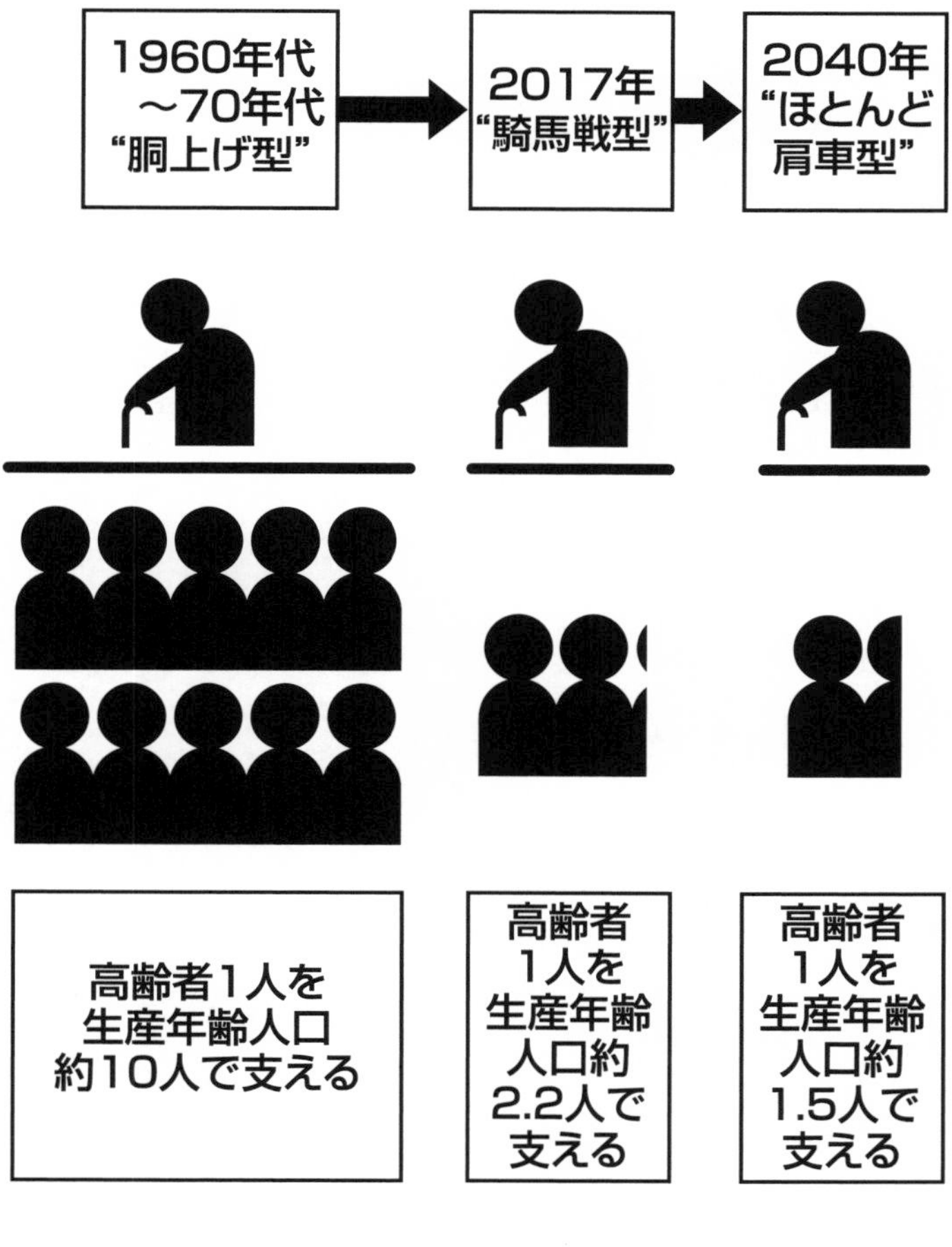

手である現役世代が急速に細ってきており、さらに細り続けることを説明してきた。しかし、突っ込みを入れたい読者はこんな質問をしてくるのではないだろうか。「じゃあ、一六六兆円の積立金って何なのよ？　誰が積み立てたお金なの？」――もっともな質問である。

それに対する解答は、先の賦課方式の説明とは矛盾するようだが、年金保険料から積み立てられたものだ。このナゾを解き明かすには、時計の針を年金制度スタート時にまで戻さなくてはならない。

わが国の年金制度は、先に述べたように一九六一年（昭和三六年）に個人事業者も含めた「国民皆年金」となった。会社員の年金、厚生年金は一応戦前からもあったが、戦後の経済的混乱で壊滅的な影響を受け、一九五四年（昭和二九年）の厚生年金保険法（新法）で再スタートした。『経済白書』の序文に「もはや戦後ではない」と書かれたのが一九五六年（昭和三一年）。わが国の年金制度は、戦後の貧困・混乱期がひと段落し、社会が安定や福祉を求め始めたこのような時期に整備されて行ったのである。

制度がスタートした当時、もし賦課方式だったならば、一〇人を超える現役世代が拠出するお金を一人の高齢者が受け取れるわけだから、これは超高額年金となりそうなものだ。しかし、実際にはそうではなかった。当たり前といえば当たり前だが、まだまだ貧しい時代であったからそんな発想などなかった。

年金制度ができるまでは、歳をとって働けなくなると高齢者は収入がまったくなくなってしまう。戦前は、大家族がそういう高齢者を支えてきた。しかし、「戦後の法制や新しい風潮が、老人の地位を大きく引下ろしてしまった。特に都会では収入がなくなった老人や未亡人は、戦後の住宅事情の悪化と相まって、家庭争議の原因になったりして、惨めな思いをしている例も少なくない」（一九五七年（昭和三二年）読売新聞社説「国民年金制への期待」）というような状況に一変してしまっていた。これは、国が手助けしなくてはなるまい。まったく制度がない時代であったから、まずは惨めな思いをしている老人を多少なりとも助けたい。それくらいの発想でのスタートだったのだ。だからスタート当時の年金額は、今から見ればすずめの涙くらいのものであった。

一九六四年（昭和三九年）、東海道新幹線が開業し、前回の東京オリンピックが開催された。その翌年の一九六五年（昭和四〇年）、「一万円年金」が実現する。「一万円年金」とは何かというと、それまでの年金計算式を改め、標準的な年金月額一万円を実現させたのである（国民年金は夫婦二人で月額一万円）。今の感覚からすれば、「月額一万円！」と逆にその少なさに驚いてしまうが、当時としては、これは良い意味で画期的なことであった。ちなみに一九六五年当時の現金給与月額を見てみると、事務係員が二万八五九五円、機械工作一般工が三万一九二四円、薬剤師が四万二三四三円。看護婦（士）が三万五七四円、高校教諭が四万二九八五円という金額になっている。だから、感じとしては一般の給与所得者の三分の一程度の水準が保証されたということになる。

年金制度について関心の深い読者は「所得代替率」という言葉を聞かれたことがあるであろう。主に厚生年金に対して使われる言葉だが、年金を受け取り始める時点（六五歳）における年金額が、現役世代の手取り収入額（ボーナス込み）と比較してどのくらいの割合かを示すものだ。

最近のニュースではこんなものがあった。二〇一九年八月二七日、厚生労働省は社会保障審議会に五年に一度の年金財政の長期見通し「年金財政検証結果」を提出したが、今回の試算によれば、一九年現在の年金支給額は、現役世代男性の平均手取り収入に対する「所得代替率」が五年前の六二・七％から六一・七％に低下した、というものだ。実に細かい。それに比べると、一九六五年に画期的とされた「一万円年金」は、なんともおおらかで牧歌的である。

社共に押された角栄・自民党は福祉政治に舵を切った

さて、話を年金積立金に戻そう。年金制度がスタートした当時、年金は家族制度の崩壊に伴って困窮する高齢者の生活を多少でも助けるという程度の意味合いであった。だから、給付金額はすずめの涙程度であったし、給付を受ける高齢者も少なかったから、払い込まれた年金保険料は積み立てられたのである。

流れが大きく変わったのは、一九七三年（昭和四八年）の田中角栄による

「福祉元年」からだ。当時、横浜市の飛鳥田一雄（のちの日本社会党委員長）や東京都の美濃部亮吉など大都市を中心に革新首長が誕生し、ある種ブームになっていた。

若い読者のために一言説明を加えると、「革新」首長とは、日本社会党（現在の社会民主党）や日本共産党系の首長を差す。五〇代以上の読者には不要なこんな注釈をわざわざ付けるのは、若い世代の「保守・革新観」が五〇代以上の世代とはまったく違ってきているからだ。

読売新聞社と早稲田大学現代政治経済研究所が二〇一七年七～八月に共同で行なった調査結果によると、四〇代以下の世代がもっとも「リベラル」と見ている政党は日本維新の会。そして、もっとも若い世代である一八～二九歳では、維新に次いでリベラルと見られているのは自民党だ。一方、三〇代以下の世代から「保守」と見られているのは、第一に公明党、次いで共産党だ（ちなみに、この調査の選択肢にかつての日本社会党、現在の社会民主党はない。もしあったとしても、又市征治党首の社民党に「革新」を感じる若い人は、ほとんどいないであろう)。

この調査結果は、ある程度の年齢以上の方にとっては驚きであろうが、実は年金制度を考える上でも、なかなか興味深いものがある。なぜなら、かつての「革新」首長が先導した福祉政策こそが、その後のわが国をダメにし、そしてダメを固定化させたからである。ダメの固定化＝悪しき意味での「保守」である。

革新首長たちは、こぞって福祉の充実に力を入れた。これは当然、ウケのよい政策である。だから、選挙で勝った。その影響は、国政選挙にもおよんだ。一九七二年（昭和四七年）一二月一〇日に行なわれた第三三回衆議院議員総選挙において、自民党は前回比一六議席減の二八四議席となった一方、社会党は二八議席増やして一一八議席とし、共産党は二五議席増の三九議席と議席を倍以上に増やし第三党に躍進した。

これに危機感を覚えたのが、自民党である。社共に負けずに福祉に力を入れなくてはいけない。田中角栄政権の下、七〇歳以上の医療費について、それまで三割であった自己負担分を国と自治体が肩代わりして負担する老人医療費無償化を実現して美濃部都政に追従。さらに七三年度の予算編成に臨んだ田中は、総評（筆者注：「日本労働組合総評議会」の略称。昭和時代の日本最大の労働組合全国中央組織）が求めた「四万円年金」を超える「五万円年金」の実現を厚生省に指示し、反対する大蔵省を押しきって成立させた。

福祉政策が専門の宮本太郎氏（現中央大学教授）は、自民党が「政治対抗のうえで社会民主主義を侵食した」ことで、「福祉国家」は「政治的争点から外れていった」と指摘する。そして、ズバリこうも指摘する。「そこに現れた福祉政治とは、政権延命のための政治にほかならなかった」と（以上「」内『福祉政治』宮本太郎著〈有斐閣〉）。今に至るポピュリズム（大衆迎合主義）である。

先に述べた一九六五年の「一万円年金」から四年後の六九年、政府は再び計算式を改め「二万円年金」が実現していた。たった四年で倍増というとすごそうだが、当時は毎年物価が上がり続けていた。だから、年金は年々目減りしていたのである。「二万円年金」からさらに四年後の七三年、田中は大見得を切った。年金額を従来の二・五倍の「五万円」にするばかりではなく、物価スライド制を導入したのである。

長くデフレが問題視される今日からするとまさに隔世の感があるが、当時はインフレこそが国民の経済生活にとって大問題であり、年金の物価スライド制はかねてからの懸案であったのだ（ちなみに、七三年の消費者物価上昇率は一一・七％に達した）。この七三年当時の現金給与月額を見てみると、事務係員が七万七一六二円、機械工作一般工が九万一八三三円、薬剤師が八万九三七五円。看護婦（士）が八万二九四四円、高校教諭が一〇万四三一七円となっている。田中角栄の「五万円年金」とは、一般労働者が手にする給与月額の五～六割を保証し、さらにインフレになっても大丈夫という、今日に続く年金制度の基本を形作るものであった。

「賦課方式」は年金制度変質の結果生まれた

田中が「五万円年金」を実現させた一九七三年は、戦後の第二次ベビーブームの真っ只中であった。団塊の世代の子供たち、いわゆる団塊ジュニアの誕生である。この年生まれた子供の数は二〇九万一九八三人に達し(ちなみに、直近二〇一八年の出生数は一八九九年の調査開始以来過去最少の九一万八三九七人で七三年の半分にも満たない)、合計特殊出生率は二・一四。国民も政治家も識者と呼ばれる人たちも、団塊ジュニア世代の多さを問題視こそすれ、ほとんど誰も少子化に対する危機感などなかった。

ただ、ごく一部に先を読む識者はいた。「今後、少子化が進むのではないか」——そういう問題意識を持つ専門家もいた。その根拠は意外とシンプルだ。当時すでに先進各国では出生率の急落が始まっていたからである。ドイツの合計特殊出生率は六〇年代後半まで二・五前後で推移していたが、一気に急落して当時すでに二・〇を大きく割り込んでいた。

その背景には、少なく産んで教育にお金をかけて進学させて豊かな生活を目指すというような、出産・養育に関する価値観の変化などがあったと指摘されているが、こういった変化は先進各国に共通するものであった。だから、わが

各国の合計特殊出生率

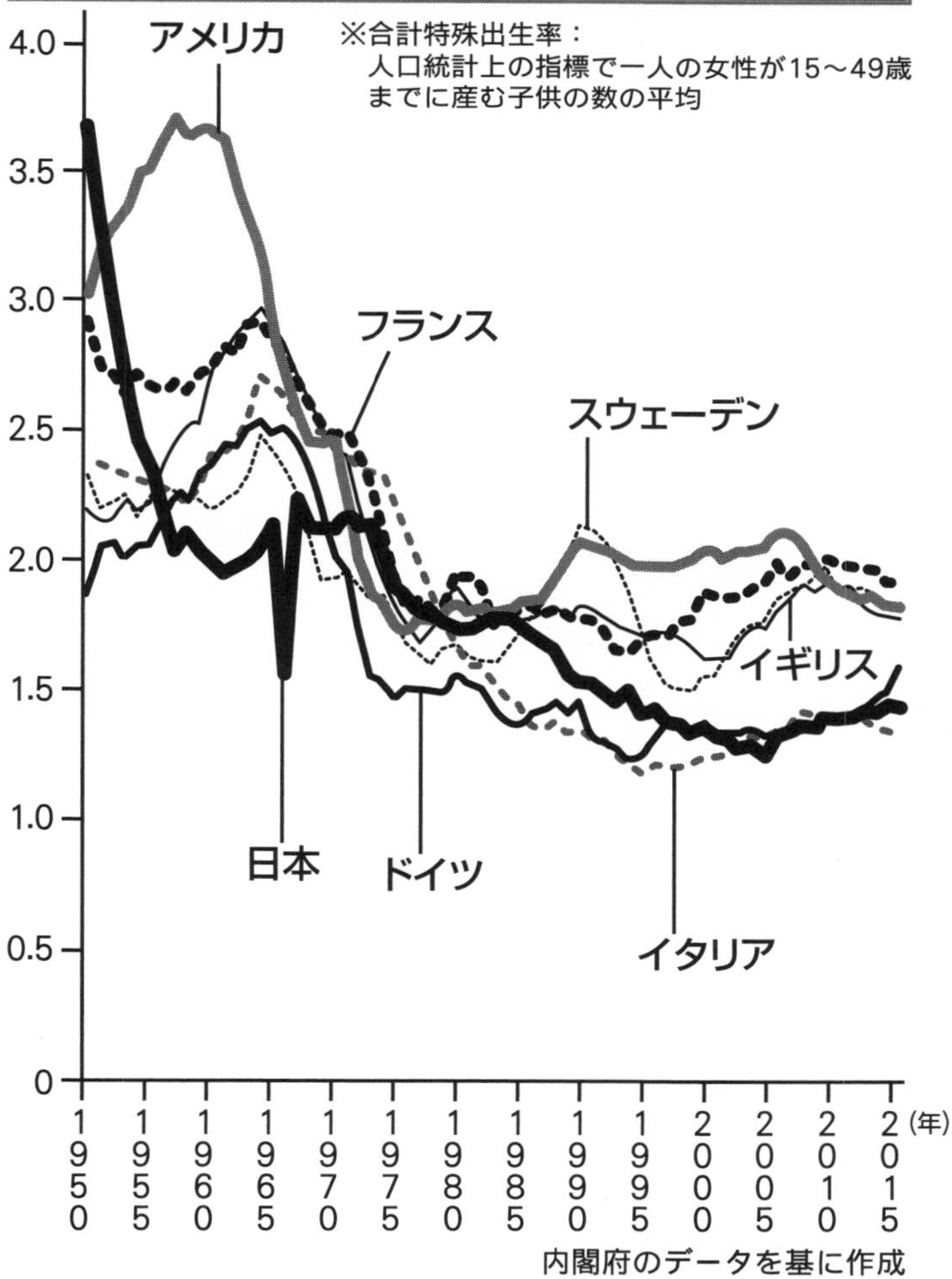

内閣府のデータを基に作成

国においても第二次ベビーブームが終われば出生率は落ち込んでも不思議ではないと見る識者はいたし、そして結果はその通りになったのである。

一方の「高齢化」であるが、「少子」と「高齢化」がセットになって「少子高齢化」と言われる今日の感覚からするといささか奇妙な感じがするが、当時すでに「高齢化」は懸念されていた。なぜなら、戦争直後には男性五〇歳、女性五四歳だった平均寿命は年々急速に伸び、一九七〇年（昭和四五年）には男性六九・三歳、女性七四・七歳にまで至っていたからである。

田中角栄は、懸念される「高齢化社会の社会保障」にそれこそ「革新」的な手を打った。七三年から七五年にかけて、年金給付は五四％も伸びた。なぜこれが可能であったのか。国民皆年金から一〇年余りが経過し、保険料を払う被保険者は増加の一途をたどり、一方で受給者はまだ少なかった。だから、積立金は毎年どんどん増えていた。「これを取り崩せば『五万円年金』は可能！　とりあえず、目先は……」――ざっくり言えば、こんな感じだ。「お金があるんだから、大盤振る舞いで出しちゃえばいいでしょ。先のことなんていいんだよ。

先になって考えれば」。

「五万円年金」に反対した大蔵省は、「こんな年金制度を作ったら、将来危ういのではないか」と考えていた。年金は制度であるからいっときの出費ではすまない。年金制度の充実といえば聞こえはよいが、別の観点から言えば、この制度によって全国民が既得権者になるのである。人は誰しも、一たび手にした権利を失う、奪われることには激しく抵抗する。年金制度を拡充すれば、さらに拡充することはできても、それ以下に戻すことは至難である。だから、大蔵省は反対した。今から顧みれば、反対した大蔵省が正解であった。

しかし、今もそうだが政治はポピュリズム（大衆迎合主義）で動く。目先、ウケのよい政策を訴えた方が勝つ。田中角栄のセリフといえば、ロッキード事件における「よっしゃ、よっしゃ」が有名だが、この「五万円年金」の時も、「よっしゃ、よっしゃ」で突き進んだのだろう。田中は「コンピュータ付きブルドーザー」という異名を持つが、こと年金制度に関してはこのコンピュータは大きな計算ミスを犯したようだ。

田中は一九七三年を「年金の年」とすると宣言したが、まさにこの年から年金制度の変質が始まった。それまで年金制度は、「拠出制」とか「積立方式」と呼ばれていた。しかし、七二年秋の社会保険審議会においてこの言葉が登場する――「年金財政方式は賦課方式か修正賦課方式か」。

今でこそ、誰もが日本の年金制度はこれだと思っている「賦課方式」は、一九七三年に制度が変質した結果、生まれたのである。

それでもまだ、受給者自体が急速に増えるわけではなかったから、積立金自体は徐々に増え続けた。しかし、高齢化の進行に伴って年金給付額はどんどん増えて行き、積立金の伸びは鈍くなって行った。国民年金においては、「年金元年」から急速に積立金の増加にブレーキがかかり始め、一九八三年（昭和五八年）には収支は赤となって積立金は減少に転じた。以後は、基本収支トントン。文字通り「賦課方式」となったわけである。

厚生年金においては、変化はそこまで急ではなかったがやはり給付は徐々に増え、二〇〇〇年代に入ってからはほぼ収支トントンとなった。こうして、現役世代が支払う年金保険料が、そっくりそのまま高齢者に回る「賦課方式」は、すっかり当たり前のものとなったのである。

「賦課方式」の年金保険制度は、実は破綻している

しかし、賢明な読者は疑問を持つことであろう。「収支トントンって、でも二〇〇〇年代以降、現役世代はどんどん減って高齢者はどんどん増えてるんじゃないの？　それなのに、何でずっと収支トントンでいられるの？」と。

当然の疑問である。先に述べた生産年齢人口（一五歳以上六五歳未満）で言えば、そのピークはもう今から二五年も前の一九九五年（平成七年）。その年の八七二六万人をピークに減り続けている。一方の高齢者は、戦後一貫して増え続けている。であれば、高齢者が受け取る年金額はどんどん減り続けていなければ、あるいは現役世代が支払う年金保険料が増え続けていなければ、計算が合わない。実際はどうなのか？

まず、前者の年金額がどんどん減るという事態は、もちろん起こっていない。そんなことをやってしまったら、首相の首がいくつあっても足りないだろう。実は、二〇〇四年の年金改革で公的年金制度を存続させるために、平均寿命の伸び率や保険料を払う現役人口の減少率に比例して年金給付を抑制する「マクロ経済スライド」という仕組みが導入されている。しかし、マクロ経済スライドは、物価や賃金が上昇していないと適用されない。年金には原則として「年金名目額は前年より減らさない」という名目下限ルールがあり、デフレ下で年金を下げることはしないようになっている。長くデフレが続いたため、むしろこの間に年金生活者は現役世代よりいい目を見ていた、というのが実情だ。

では、後者の年金保険料の方はどうかといえば、これは着実に増えている。一〇二ページと一〇三ページのグラフで一目瞭然だ。厚生年金保険料率が一度大きく下がっているけれども、これは減額を意味するものではない。それまでは毎月の給与にだけ保険料を掛けて年金保険料を徴収していたのを、二〇〇三年（平成一五年）に賞与・ボーナスからも徴収する「総報酬制」を導入したので料率を下げたのだ。実質的には減額されてはいない。増額が続いたのである。「なるほど、年金給付額は増え続けたけれども、年金保険料を増額させてそれでちょうどうまく行ったんだ」——このように読者は納得されただろうか？　実はこれで納得されては困るのである。

ここで、年金給付額の推移を見てみよう。一九七〇年度（昭和四五年度）には、一兆円に満たない〇・九兆円であった。田中角栄の「年金元年」を経て、一九八〇年度（昭和五五年度）には一気に一〇倍以上に増えて一〇・五兆円に。その一〇年後、平成に入って一九九〇年度（平成二年度）にはさらに倍以上となって二四・〇兆円。二〇〇〇年度（平成一二年度）には四一・二兆円。二〇一〇年度（平成二二年度）には五三・〇兆円。そして、直近二〇一八年度（平成三〇年度）では五六・七兆円に達していることは本章の冒頭でも述べた。

すごい増え方である。これをすべて、減少して行く現役世代の保険料で賄ったのだろうか？　そうではない。それは無理だ。二〇一八年一〇月一日時点での「生産年齢人口」は七五四五万人。ピーク時より一二〇〇万人近くも減って

国民年金保険料の推移（月額）

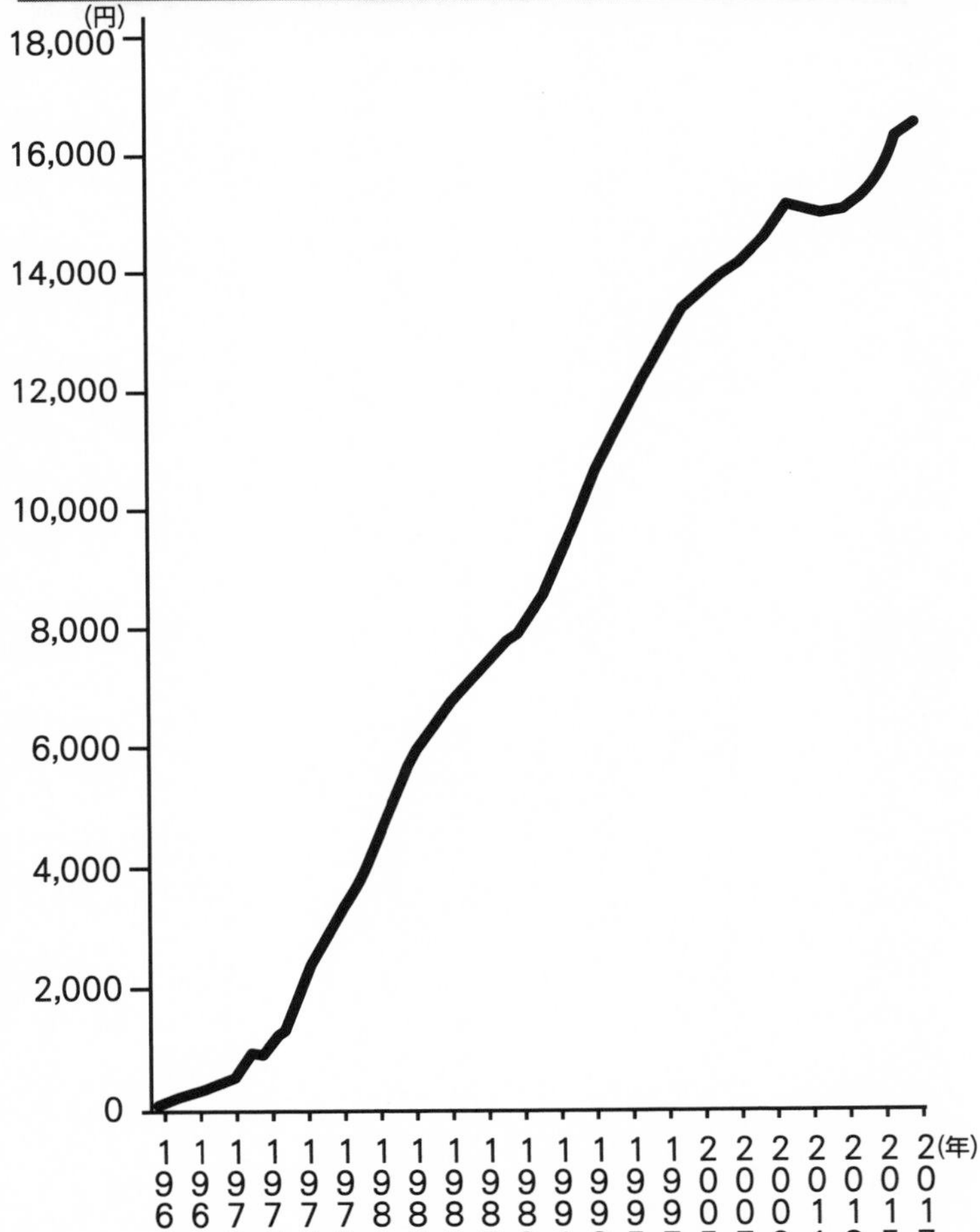

日本年金機構「国民年金保険料の変遷」のデータを基に作成

厚生年金保険料率の推移

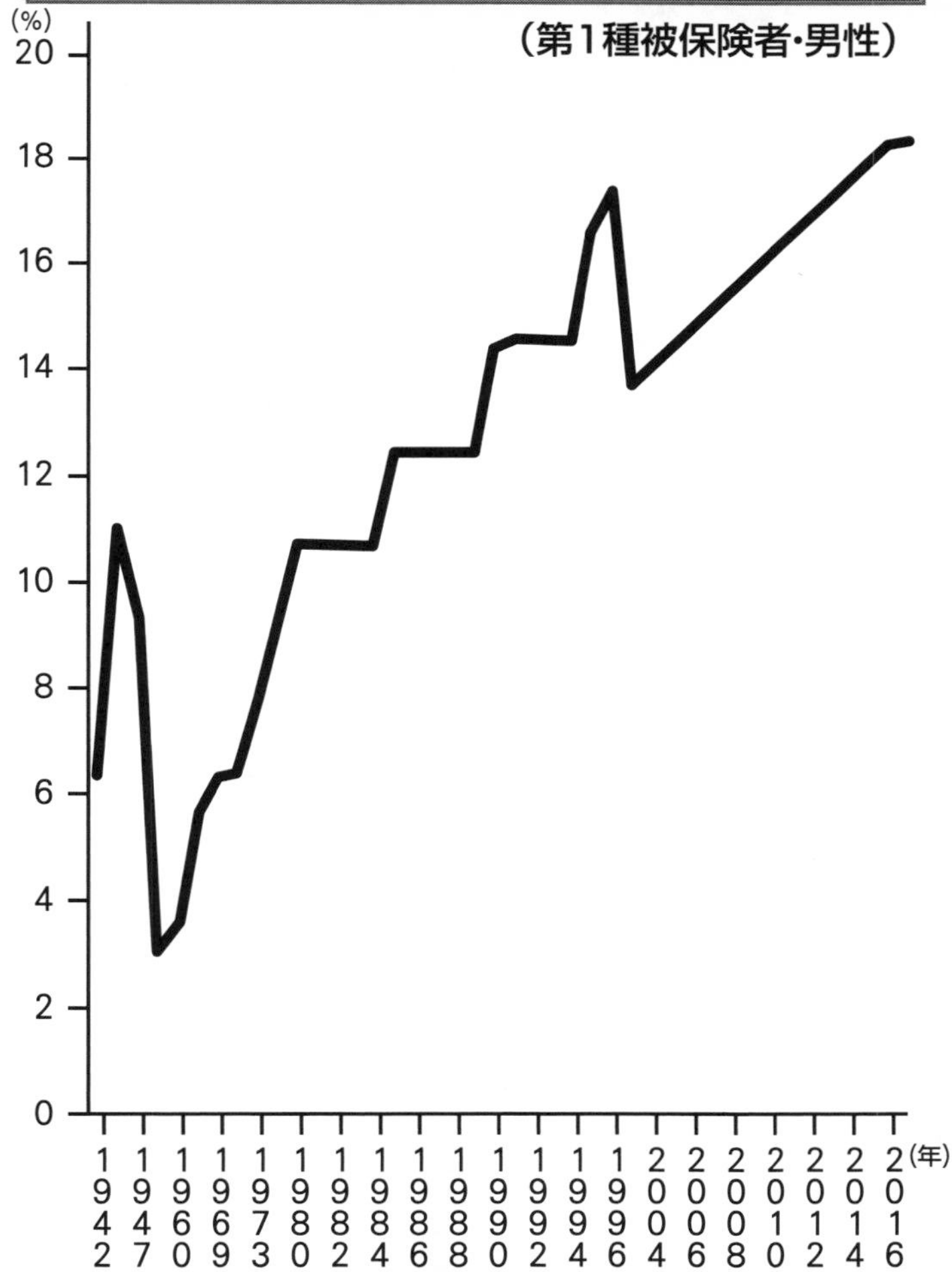

日本年金機構「厚生年金保険料と標準報酬月額等級の変遷表」のデータを基に作成

いるのだ。

しかし、先にも述べたように、年金収支は今世紀に入ってから国民年金も厚生年金もほぼ収支トントンの状態で推移している。現役世代がお金を出して、それが高齢者の年金とピタリと一致して、一見「賦課方式」が成り立っているように見える。どういうことなのか?

確かに現役世代が拠出しているお金は、高齢者の年金を回っている。しかし、それだけでは増え続ける年金給付をカバーすることはできない。それを埋め合わせるのは……そう、「借金」である。

社会保障のために年間二〇兆円以上の借金を積み増している

平成の時代、わが国の借金はどんどん膨張して行ったわけであるが、一〇六ページのグラフは一九九〇年度(平成二年度)末から二〇一九年度(平成三一年度・令和元年度)末にかけての借金増の要因を、歳出面から見たものである。

一目瞭然であるが、最初の一〇年ほどは「公共事業関係費」を要因とする借金が大きい。道路や港湾、住宅や下水道、公園、河川の堤防やダムなどを造るための建設国債だ。しかし、一九九九年度（平成一一年度）以降になると「社会保障関係費」がどんどん増えて行き、近年では歳出面から見た借金増要因のほとんどを占めるようになっている。社会保障関係費とは、一に年金、二に医療だ。すでに繰り返し述べたように、二〇一八年度の年金給付額は五六・七兆円。医療への給付額は三九・二兆円だ。

こういった社会保障関係費とその財源（の推移）を表しているのが、一〇七ページのグラフだ。

先に述べたように、保険料収入額は基本上がり続けているが、給付の方はそれを上回って増えているためそれを穴埋めしなくてはならない。それが「公費」。公費とは何かというと、「税金で賄う」ということなのだが、社会保障財源であるはずの消費税の税率がなかなか上げられなかったのは、読者の皆さんもご存じの通りだ。このグラフでいうと、左端の一九九〇年度（平成二年度）の消費

普通国債残高の歳出面における増加要因

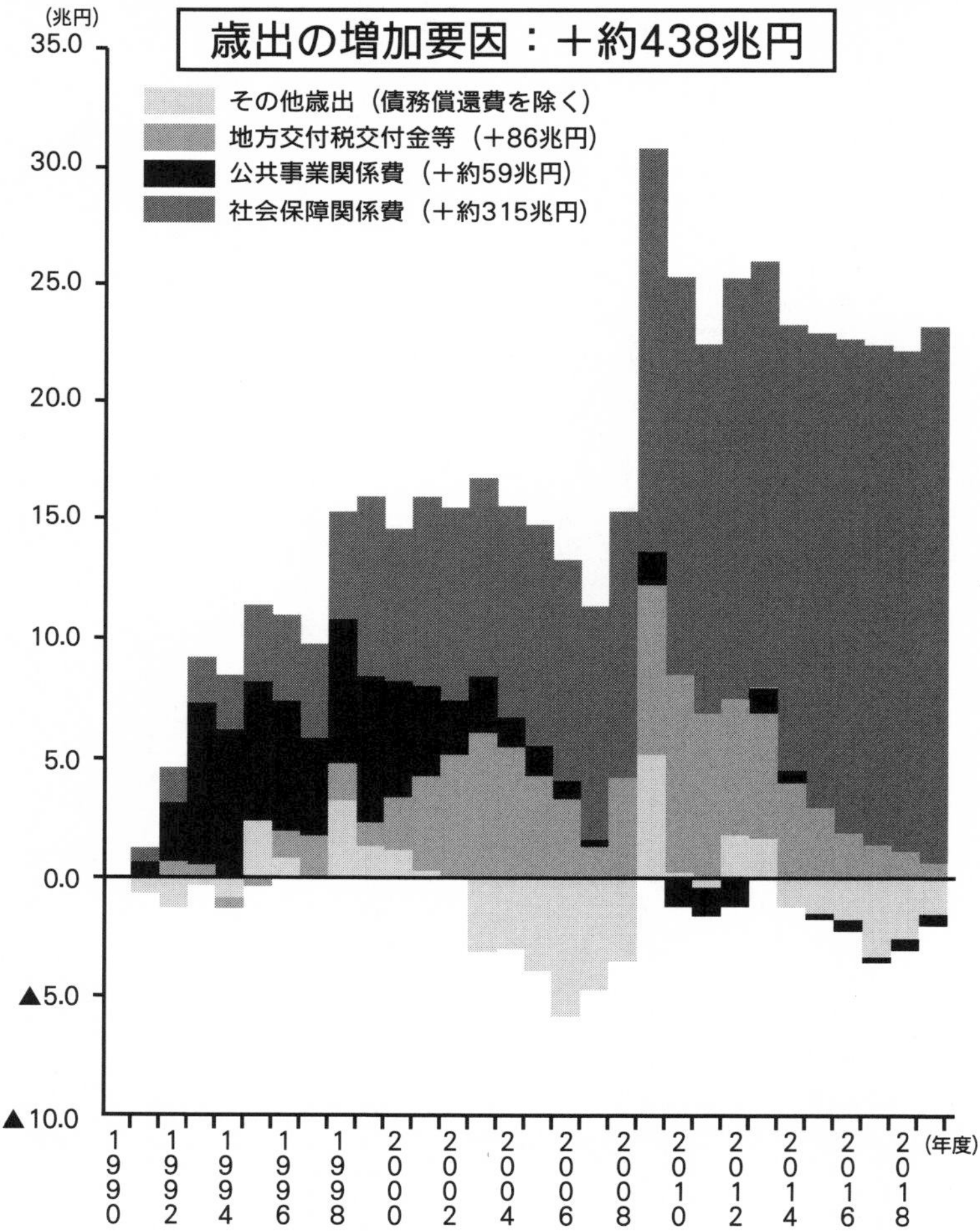

「日本の財政関係資料（令和元年10月）」のデータを基に作成

社会保障給付費の増加

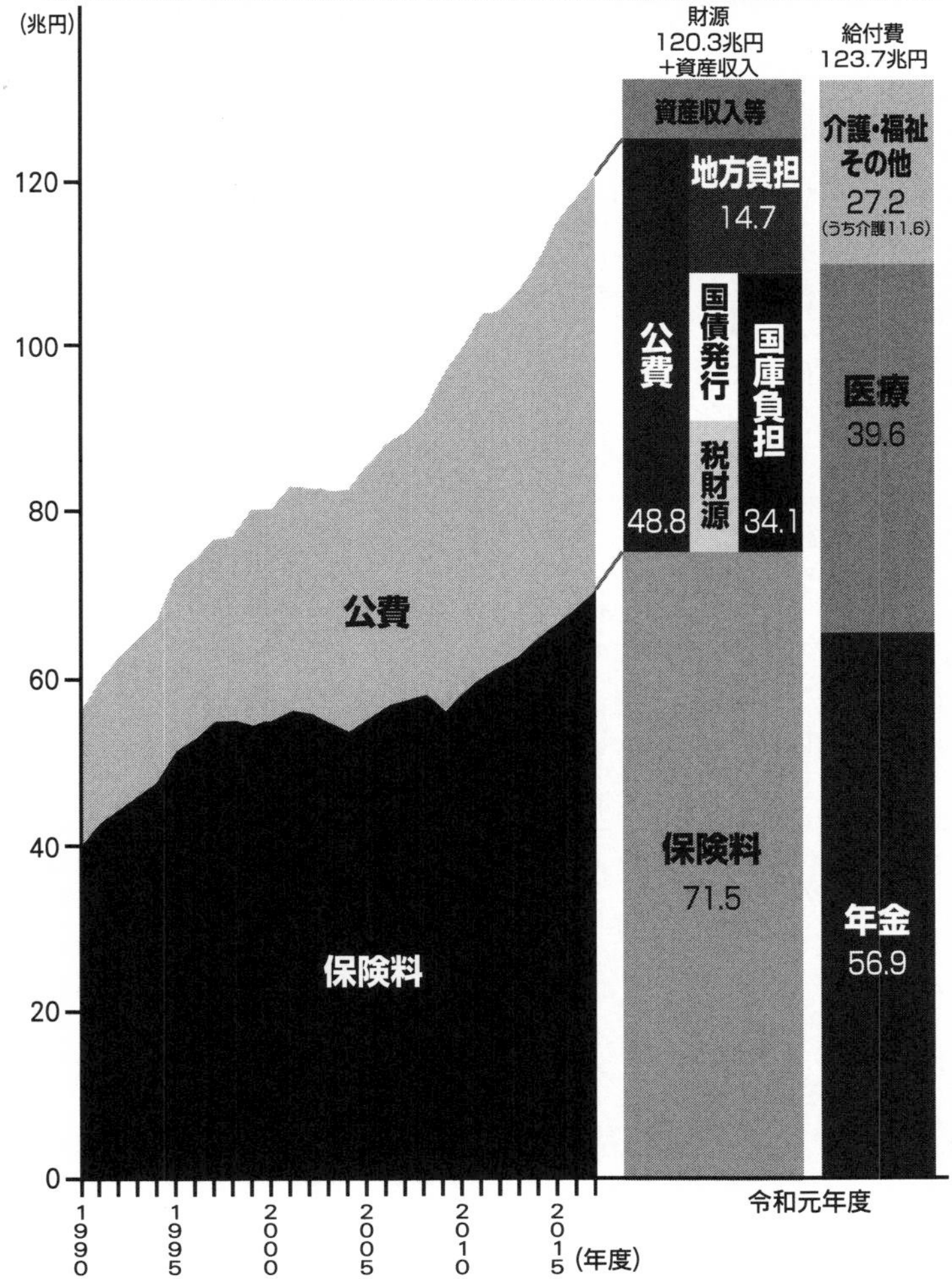

「日本の財政関係資料」を基に作成

税率は三％。五％に引き上げられたのは、一九九七年度（平成九年度）。その五％が一七年も続き、八％に引き上げられたのは二〇一四年度（平成二六年度）。

そして、一〇％に引き上げられたのは、言うまでもなく令和の御代に入った二〇一九年度だ。平成の時代は、半分以上の期間において消費税率は五％に据え置かれ、上げることはできなかったのである。これでは、保険料収入で足りない分を穴埋めする役割を果たせるはずがない。そのため、平成期は埋め合わせのため借金が増え続け、社会保障を要因とする借金は二〇〇八年度（平成二〇年度）には一〇兆円を超え、二〇一六年度（平成二八年度）には二〇兆円を超え、その後も一向に減る兆しはなく、積み上げられているのである。

ここで重要なのは、社会保障を要因とする借金、一〇兆円とか二〇兆円というのは、単発の借金ではなく毎年この額が積み上がって行くということである。そして、積み上がって行く借金の総額をグラフ化したのが、一一一ページのグラフである。平成一〇年頃からグラフの下の部分、「特例国債残高」というのが急増し始める。「特例国債」とは一般的に言い方で言えば「赤字国債」のことだ。

赤字国債とは、本来はしてはいけない借金だ。本来なら税収の中でやりくりしなくてはいけない。先に歳出面からの借金増要因について述べたが、わが国の社会保障制度は、「積立方式」から「賦課方式」に変質したとはいえ、「社会保険制度」なのだから、本来ならその中で完結せねばならない。一般会計に累をおよぼしてはいけないのだ。

と、言われても、よく意味がわかりかねる読者もいらっしゃることだろうから、もう少し説明しよう。誰もが認識している通り、私たちは社会保険料を支払っている。わが国の社会保障制度は「社会保険制度」なのである。

「保険制度」とはどういうものか。民間の保険会社を考えてみれば、すぐわかる。民間の保険会社は、保険料を支払ってもらってそれをタネ銭として、その範囲内で保険金を給付している。わが国の社会保障制度も社会保険制度なのだから、本来はそうなのだ。そして平成一〇年くらいまで、一九九〇年代まではそうだったのだ。

ところが、すでに述べてきた通り給付を受ける高齢者はどんどん増え、支える現役世代は減り始め、それでは収まらなくなってしまった。だから借金に頼らざるを得なくなり、その借金の額は年々膨らむ一方となり、その年々膨らむ借金がどんどん積み上がるようになってしまったのである。際限なく積み上がって行く借金——大丈夫なのか？

ポピュリストVS経済専門記者

これに対して反論する人もいる。「財政破綻というが、いつなるのか？　破綻するならもっと金利が上がってもいいのに、実際には下がり続けている。日本の財政は健全だということではないか」（朝日新聞社の言論サイト『論座』〈二〇一九年一〇月四日付〉）。

しかし、そもそも年金制度の始まりを思い出してほしい。戦後、家族制度が崩壊し、それまで大家族が養うのが当たり前だった老人の生活が厳しくなった。それを国がケアしましょうというのが発端だ。もし、制度がなかったらどうな

国債残高の累増

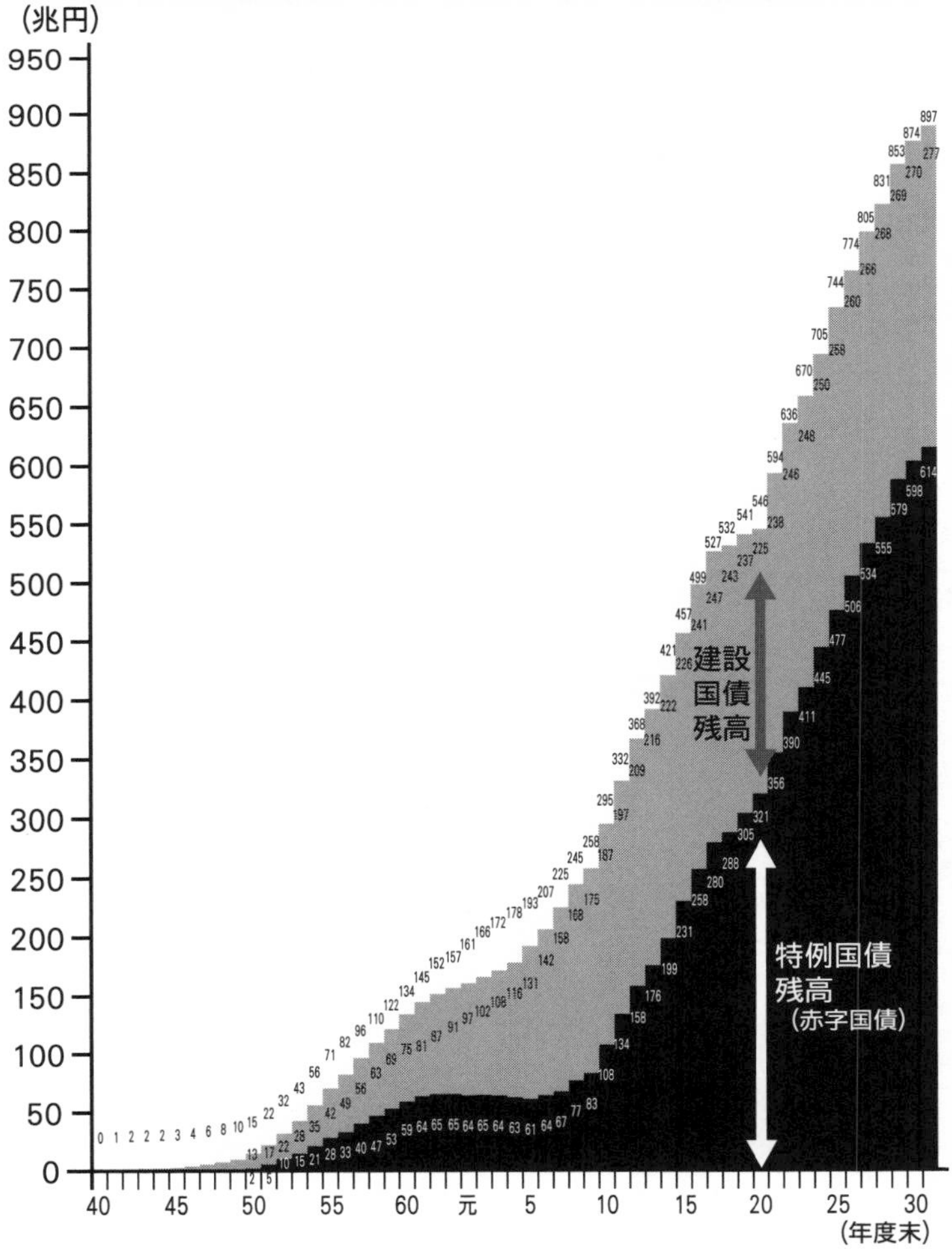

出所：財務省

るかを考えてみよう。

おじいさんとおばあさんの生活のために、長男・長女・次男の三人が毎月一〇万円ずつ出していた。合計三〇万円。ところが長男が死んでしまった。おじいさん・おばあさんの生活には一〇万円足りなくなってしまった。おじいさん・おばあさんは毎月一〇万円借金をし始めた。翌年、今度は長女も死んでしまった。さて、おじいさん・おばあさんは毎月二〇万円借金をしなくてはならなくなった。さて、銀行はそんなに貸してくれるだろうか？　最終的におじいさん・おばあさんの借金を背負うことになるのは、一人残された次男だけだ。銀行は返済能力に疑問を持ち、「そんなには貸せませんね」とか「金利条件を変えていただかなくては」と言い出すであろう。それに、その借金を背負わされる残された次男の生活はどうなるのか……。

今の日本の年金財政問題とは、この借金話を国家に飛ばしているだけである。支え手がどんどん減って行くのに、どこまでも借金を積み上げて行くことなど、絶対にできない。だから、この国の年金制度は必ず破綻するのである。

安倍首相は「消費税率を一〇％に引き上げたあと、今後一〇年は引き上げる必要ない」と述べた。社会保障給付はどんどん増えるのに、どうして「必要がない」と言えるのか。まあ、政治的にこう言わざるを得ないということだ。繰り返すが、ポピュリズム（大衆迎合主義）である。だが、一方の野党はもっとひどい。「八％に戻す」とか一九年の参議院選挙でブームを巻き起こしたれいわ新選組の山本太郎氏に至っては「五％への引き下げ」で野党共闘を呼び掛けている。実は、先の財政破綻説への反論、「財政破綻というが、いつなるのか？破綻するならもっと金利が上がってもいいのに、実際には下がり続けている。日本の財政は健全だということではないか」は、この山本太郎氏の発言だ。

これに対し、山本氏とテレビで対談した朝日新聞編集委員・原真人氏は、朝日新聞社の言論サイト『論座』（二〇一九年一〇月四日付）において、次のように反論している。

超円安、急激インフレは十分にありうる

「財政破綻」のかたちはさまざまだが、たいがいは国家がなくなるわけではなく、むしろ政府存続のために国民が犠牲になるケースが多い。戦後の日本が典型的だ。預金封鎖、新円切り替え、一〇〇％近い財産税、そしてハイパーインフレ……。こうした方法で政府は国民の資産を根こそぎ収奪する。政府は借金を踏み倒し、みずからは生き残る。そして健全財政に復帰し、戦後の財政を一からスタートできたのである。その陰で庶民生活は破綻した。すべての国民が困窮した。

おそらくはそうなるときには、その前に市場が警告を発するだろう。日銀が国債を買い支えているから、国債暴落はすぐに起きないかもしれないが、日銀が紙幣（電子情報も含めて）を刷りまくった結果、円の信用がなくなることが考えられる。

通貨円が暴落すれば、政府や日銀では止められない。外国為替市場は巨大すぎて、国家でも対抗できない。ここ数十年の間だけでも、ポンド危機の英国、ルーブル危機のロシア、バーツ危機のタイ、みなそうだった。

山本氏は番組内で「ハイパーインフレ？　そんなものは日本では起きませんよ」「MMT（筆者注：現代貨幣理論）から学んでいるわけではなく、財務省から学んだ。以前、自国通貨建ての国債のデフォルトは考えられない、と財務省自身が格付け会社に言っていたじゃないですか」と反論した。

財務省も苦しいところだ。国債市場で日本国債の信用を失ったらおしまいなので、そんな説明を海外の格付け会社にしたこともあった。だが財務省とて、今現在の本音は「このままで国債発行の未来は大丈夫だろうか」と不安でいっぱいなのである。

山本氏の言うように、産業構造も政府機能もしっかりしている日本では、ジンバブエやベネズエラのような数千万％、数億％というような天文学的な規模のインフレは起きないのかもしれない。ただ、一ドル＝三〇〇円ほどまで円が急落するレベルであれば、十分に想定できるのではないか。

もしそうなったら、どうか。少なくともドル建ての輸入価格は三倍になるということだ。

エネルギーと食料をほとんど輸入に頼っている日本では、それでも致命的なショックになる。アジアのサプライチェーンに部品供給を依存する日本の製造業は苦しくなる。ガソリン価格も、パンや牛肉などの食料品価格も、そして中国からの輸入に頼っている一〇〇円ショップやユニクロも、軒並み価格が二倍、三倍になる。これでは多くの国民が困窮するのではないか。

これをハイパーインフレと呼ぶかどうかはともかく、巨大ショックになるのはまちがいない。そのクラスの超円安、急激インフレは政策しだいで十分にありうると考えるべきだろう。

（朝日新聞社の言論サイト『論座』〈二〇一九年一〇月四日付〉）

わずか一〇年で「品ぞろえ充実」から商品ゼロの超ハイパーインフレ社会へ

原氏は、早稲田大学を出たのち、日本経済新聞に入社。その後朝日新聞に移って経済社説を担当する論説委員を経て現在は編集委員を務めている。三〇年以上にわたって日本経済を見続けているプロの経済記者だ。一方の山本太郎氏は、言っては悪いが経済のプロではない。私は、原氏の指摘は至極もっともで、氏の言うように「超円安、急激インフレは政策しだいで十分にありうる」と考えている。

ポイントは、「政策次第で」というところだ。「生活を底上げする政策を唱える人間をポピュリストとしか呼びようがないのだったら、そうです私がポピュリストです、と言わせていただきたいですね」（『現代ビジネス』二〇一九年六月二〇日付）。山本太郎氏は、このように開き直っている。一見、優しそうなこういうポピュリストこそが、大変な悲劇を招く。ポピュリストの言うことには、裏付けがないからだ。

今や経済が完全に破綻し、二〇一九年には年率一〇〇〇万%という想像を絶するハイパーインフレに見舞われているベネズエラ。一〇年前、二〇〇九年三月号の『ジェトロセンサー』（日本貿易振興機構〈ジェトロ〉発行）は、「消費の鍵は低所得者層にあり」と題して、当時のベネズエラの状況を次のように伝えていた。「ベネズエラでは、チャベス大統領のポピュリスト的政策により最低賃金の上昇が続く。（中略）一方、慢性の高インフレに悩まされており、二〇〇七年は通年で二二・五%、二〇〇八年は一～一一月累積で二七・六%にも達した」。二〇%台のインフレを「高インフレに悩まされており」と伝えているのだから、一〇〇〇万%の今からすれば夢のような世界だ。このレポートはこれに続けて、「見た目を気にする」かつ「新しいモノ好きな」国民性から、「国内製造品も含め、海外有名メーカーの品ぞろえが充実している」（以上「」内『ジェトロセンサー』二〇〇九年三月号）と伝えている。

スーパーにほとんど商品がない現在からはとても想像できない。わずか一〇年で信じがたいくらい経済が破壊されてしまったのは、そう、「ポピュリスト的政策」による。先にも述べたが、ポピュリスト的政策には裏付けがないのだ。チャベス大統領（当時）というのは、軍人上がりで元々経済のことなどわからない。しかし、国民のウケのよい経済政策を訴えれば、当選はできる。それは今の日本でもまったく同じだ。

日本では、れいわの山本太郎氏に限らない。野党はもちろん、自民党内にだって山本太郎氏と同様の主張をする国会議員やブレーンは相当数いる。左も右も、目先の票のためにはポピュリズムに走るのだ。確かに目先は、金利は上昇するどころかマイナス水準に沈んでいるし、物価もハイパーインフレどころかやっと水面上に顔を出しているレベルだ。そういう状況だから、ポピュリストがいい加減なことを言ってウケを取ることができるのだ。

しかし、本章で明らかにしたように、この国の年金制度が構造的に持続不可能なのは明らかだ。年金給付のための借金が、いつまでも、どこまでも可能であるなどということは、本質的にあり得ない。だから、どういう形かはわからないが、年金制度破綻、実質大幅減額は絶対に避けられない。

私は、一五年後には年金はもらえても三分の一だろうくらいに考えている。原氏の指摘のように二倍、三倍のインフレが起こることで支給額が大きく目減りしたり、また昨今ちらちら議論の俎上に上がっている支給年齢の引き上げが行なわれたり、その他どういう形かはわからないが無理なものは無理なのだから、実質的な大幅削減は覚悟しておかねばならない。

ポピュリズム政治は、ツケの先送り政治だから行き着く先はトンデモないことになる。それはベネズエラの事実が証明している。

冷静に考えれば、そもそも老後の面倒は子供（世代）がみるものだったが、その子供がいなくなったのだ。だから、老後資金は自分で手当てするしかない。当たり前の話である。読者の皆さんはこの当たり前に気付き、しっかり自らの手で老後資金を築いていただきたい。

第三章　秘密のノウハウ——日経平均オプションとは

平常心をもって一切の事をなす人　これを名人と言うなり

（柳生宗矩）

二倍、三倍は当たり前、一〇倍、一〇〇倍、一〇〇〇倍も

年金が当てにならないことは、皆さんもうすうす感じていたことだろう。ただ現実は皆さんの想像よりも厳しく、日本の財政を考えると預金や現金、不動産などの今ある資産もそのままでは将来役に立たなくなる可能性が高い。「それほど資産を持っていないから、関係ないなあ」と思われた方も、一度ご自身の資産をしっかり把握してみた方がよい。かき集めたら一〇〇万円ぐらいのまとまった資産があったという場合は、実は逆にチャンスなのだ。

それをタネ銭に運用することで、将来の不安解消どころか、大資産家の仲間入りを果たすことも夢ではないのである。「嘘だ～」と思われた方も、これからきちんと説明するので検証してみてほしい。

まず、皆さんが考える大資産家とは一体、いくらくらい持っている人のことだろうか。人によって基準は異なるが、今の通貨価値のままで一〇億円持って

いれば、それは大資産家と呼んでも差し支えはないだろう。では、今ある一〇〇万円を一〇億円にするには、何倍にすればよいのか。これは単純な計算で「一〇〇〇〇〇〇〇〇〇÷一〇〇〇〇〇〇」となり、答えは一〇〇〇倍と出る。

さて、ここで一〇〇〇倍にするような運用方法があればよいわけだが、実はそれがデイトレ・ポンちゃんが行なっていた「オプション取引」なのである。

オプション取引は、極めて効率のよい運用方法である。運用効率だけで考えると、世界中にある金融商品の中で、ナンバーワンと言っても過言ではないだろう。オプション取引では、投資した資金が二倍、三倍になる収益機会が至るところにごろごろ転がっている。それどころか一〇倍になることも珍しくなく、たまに一〇〇倍になったりもする。感覚としては二倍、三倍は週一、二回ほど起きる当たり前の日常で、数ヵ月のうちには一〇倍が一、二回ほど、一年、二年の間には一〇〇倍が一回ほどあったりする。しかも、それが一週間ぐらいの短期間に、いや、本当に短い場合であればわずか一日の間で起きたりするのだ。

そして極めつけは、数十年に一度はなんと一〇〇〇倍以上になったりする。

オプション取引の破壊的な収益力

2倍、3倍 → **週1、2回ほど起きる当たり前の日常**

10倍 → **数ヵ月のうちに1、2回ほど**

100倍 → **1年、2年の間に1回ほど**

1000倍以上 → **数十年に一度**

さすがに一〇〇〇倍以上の倍率となると、数週間から一ヵ月くらいと少し日数を要したりする。ただ、もし一〇〇万円をその時に入れていたら、わずか一ヵ月ほどで、一〇億円達成で大資産家の仲間入りができてしまうのである。

もちろん、このような一〇〇〇倍以上になるタイミングをピンポイントに一度で当てることは困難だ。しかし、考えてみてほしい。一年のうちに二倍、三倍、一〇倍にできる機会が転がっているわけだから、一年で投資額一〇倍を狙うこともまったく不可能ではなく、それを続けることができれば三年後には「一〇×一〇×一〇」と一〇〇〇倍で、一〇〇万円が一〇億円になる計算となる。ここまで高い投資効率を狙うことができる金融商品は、他にはなさそうだ。

このように運用効率が高いオプション取引は、さぞ人気で日本人の誰もが切磋琢磨しながらこの投資ノウハウを研究し、日々これを使ってしのぎを削り合っているかと言えば、まったくそうではない。むしろ、オプション取引はマイナーな存在で、知る人ぞ知る取引である。

なぜ、これほどまでに投資効率のよい金融商品がスターのような存在ではなく、人目につかない片隅に追いやられた存在になっているのだろうか。

日本人が魅力的な運用ノウハウを知らないわけ

昔から、日本人はお金を稼ぐのが下手と言われている。そして残念ながら本当にその通りだ。もちろん経済大国までのし上がった日本において、戦後の高度経済成長から約三〇年前のバブル崩壊まで製造業を中心に企業のお金を稼ぐ力には目を見張るものがあった。だから、ここで「お金を稼ぐのが下手」とお話しているのは、企業がお金を稼ぐ力ではなく、お金がお金を生み出す金融の世界についてのお話である。

日本は、「東洋の奇跡」と呼ばれた高度経済成長によって一躍先進国の仲間入りを果たしたわけだが、金融の、特に運用に限って言えばとても先進国と呼ぶにふさわしいレベルには到達していない。それもそのはずで、高度経済成長の時には国全体がどんどん成長して行く中、バブル景気も手伝い、預金にはかなり高い金利が付いていた。普通預金で年八％、定期預金で年一〇％ほどの金利が付いた時期もある。これくらい銀行の金利が高いと、わざわざリスクを取りながら運用する意欲がなくなる。

しかも、銀行の信頼性は抜群だった。護送船団方式と呼ばれ、大蔵省や日本銀行が金融機関を守る形をとっていたため、金融機関の破綻は皆無だったのだ。だから当時、銀行預金はリスクゼロの金融商品で、そこに預け入れさえすれば、年七、八％の利息が簡単確実に得られたのである。

国全体が勢いよく成長している時期は、高い金利に頼って安全確実な銀行預金だけにしていてもまったく問題はなかった。ただ、バブル崩壊後、政府や日銀がいつまでも金融機関を守る体制をとり続けることができなくなり、また銀行預金の金利もかなり下がった。そして、それと時期を同じくして、それまでは向かうところ敵なしだった日本の製造業の力が、バブル崩壊のあおりと中国の台頭によってじわじわと影が薄くなったのである。

実は、ここで本当なら大きな転換点が訪れていたのだ。それまで日本経済を支えていた製造業の力が弱まってきたわけだから、いつまでもそれを頼りにせず、製造業によって蓄えた資本を活用して、資本で資本を増やす方向へ、つまり金融の道へ舵取りするべきだった。ところがバブル崩壊の爪痕があまりにもすさまじく、また規制などの問題もあり、気づいてみれば日本は大きな方向転換をすることができなかった。

だから、金融において日本は先進国の仲間入りをすることができなかったのだ。金融でおくれをとってしまった日本において、金融の最先端の運用ノウハウであるオプション取引があまり一般に伝わっていないことは仕方がないことだ。これが一つの理由である。そしてもう一つ、魅力的な運用ノウハウであるオプション取引が、世間に広まっていない決定的な理由がある。

証券会社に教えてもらえない金融商品

あとで解説するが、日本で個人が行なうオプション取引といえば、それはほぼ「日経平均オプション」の取引を指す。この日経平均オプションは、一九八九年六月一二日に大阪証券取引所（当時）に上場されたので、それ以降は普通に誰もが取引できるようになった。具体的に取引する時には、株取引のように証券会社を通じて行なう。だから、証券会社の社員は大なり小なりオプション取引について知っている。普通に取引できる金融商品のラインナップに並んでいるのだ。

ところが、証券会社にお勧めの金融商品を聞いても、日経平均オプションの話が出てくることはまずないだろう。オプション取引に近い存在である証券会社の社員は、オプション取引を行なうことが禁止されている。当然、自分が取引できないものを詳しく学ぶ意欲は薄れる。それでも仕事の中で使うのであればイヤでも覚えるが、そうではない。オプション取引は、慣れてしまえばそれほど難しいものではない。特に、あとで紹介するお勧めの取引は意外と簡単である。

ただ、一般的にオプション取引は複雑な金融商品に位置付けられている。そのため、証券会社の社員が顧客にオプション取引を勧める際には、詳細なリスク説明をしっかり行なう必要がある。普段から二倍、三倍、一〇倍というそれまでの常識を覆すような価格変動をする金融商品であるから、説明は難航することだろう。説明にかなりの手間がかかることが容易に想像できる。それでいて、証券会社に入る手数料はわずかな金額である。証券会社としては投資信託を売った方が儲かる。また、同じく手数料が安くても株式のようなシンプルな金融商品の方が、よほど説明が楽なのである。

一番詳しいはずの人が、まるで腫れ物のように扱うわけだから、一般の投資家に広がるわけがない。せっかく抜群の投資効率を持つ運用ノウハウがあるのに、教えてもらう場所がほとんどないのが現状なのである。

なんとももったいない。そこで、仕方がないので独学されることをお勧めする。この書籍で最低限の基礎知識を身に付けて、少額で初めてみるのだ。そして、やってみてできなければ、その時はあきらめてやらなければよいだけだ。これほど高い投資効率を持つ方法を、最初から難しそうなのでやらないと決めつけるのでは、あまりにもったいないではないか。

相場が下がった時に収益を出す取引

オプション取引を理解する上で、一つ大きな壁がある。それは、世の中には相場が下がった時に収益を出す取引があるということだ。〝売り〟というものである。

株式投資をされたことがある方は、それが上昇相場を狙う取引であることをごく自然に理解されているはずだ。株を買って、値上がりすれば売って利益を出す。逆に値下がりしたら、その時売ると損が確定するのでそのまま持っていたり、それでもあえて損切りで売ったりする。株を買うのは、その銘柄がそこから上がることを期待しているわけで、当たり前だが下がることを期待しているわけではない。株式投資をされたことがなくても、この「買い」から始める取引は身近にあるので、わかりやすい取引である。普通の商売と同じで、商品を買って（仕入れ）、買った値段よりも高く売って利益を出そうする行為である。だから、この「買い」から始める取引は誰もがすぐに納得される。

一方の「売り」とは、その逆だ。下落相場を狙う取引で、売って値下がりすれば、今度は買い戻して利益を出す。反対に値上がりしたら、その時買い戻すと損が確定するのでそのまま持っていたり、それでも損切りで買い戻したりする。言葉で見ると買いから始める取引と売りから始める取引では、すべて反対になっただけだから単純であるが、理解しようとすると一気に難易度が増す。

そもそも、「売り」から始める取引とは何かと言えば、それは「信用取引」のことだ。まず、手元にない〝もの〟を始めに売るわけだから、実際に〝もの〟を渡すことはできない。だからこれは、約束の取引、信用取引なのである。

ここで重要なことは、売りから始める取引は、すでに売っているから必ず買い戻して終了する必要があるということだ。たとえば、Aという株がこれから下がるだろうと見込んで一〇万円で売ったとする。それをしばらく持っていたら、株価が五万円になったとする。そうなった時に買い戻すと、結果、五万円で買ったものを一〇万円で売ったことになるので五万円のプラスが出る。これは売りを行ない、相場が見込み通り下がったので成功の取引である。

問題は、相場が予想と逆になり上昇する失敗の取引だ。しばらく持っていたらAの株価が一五万円にあがった場合、そこで終了するには一五万円で買い戻すしかない。結果、一五万円で買ったものを一〇万円で売ったことになるので、五万円の損が出る。損を出すのを避けるため持ち続けようとする際、二つの大きな注意点がある。

一つ目は、信用取引を行なう際に取引の期限が決まっている場合があることだ。それは「△日までに売る（または買う）」という期限で、売りを行なった方は、その期限までに実際のものを手に入れるために買い戻す必要があることだ。そうなると、「今は損が出ているから、しばらく持っていよう」と思っても、「期限がきましたので、買い戻してください」と言われてしまうわけだ。

そしてもう一つは、信用取引は約束の取引で、その約束が実行されるために証拠金と呼ばれるお金を一部入れておく必要があることだ。そして、相場が反対方向に進むとマイナスが出てくるので、必要とする証拠金がその分多くなる。求められる証拠金が多くなることで手元の資金が足りなくなると、そのまま売りを持ち続けることができなくなる。その他、売りから始める取引では株の場合は貸株に対する金利の支払いなど細かな注意点はあるが、やはり大きな注意点は先ほどの期限と証拠金の存在である。

ただ、そのような注意点をしっかり意識しながらであれば、この売りから始める取引とは非常に便利な存在である。これがあることで、上昇相場だけでなく、下落相場も収益機会にすることができるのだ。

そして、実はオプション取引はこれよりもさらに進んだ取引である。オプション取引は、上昇相場も下落相場も収益機会にすることができると同時に、なんと相場があまり上下しない、つまり動かない相場も収益機会にすることができるのである。あまりこの部分を詳しく説明すると、特に今回オプションに初めて接する方は混乱されるだろうから省略する。

読者の皆さんに一番ご理解いただきたいことは、世の中には下落相場でも収益機会にできる、「売り」から入る取引があるということだ。そして、皆さんにお勧めするオプションの取引も、この概念を理解いただければ十分である。

オプションは「犬のしっぽの先」

売りから始める取引の代表格は、「先物取引」である。そして、この「先物取引」と「オプション取引」、そして「現物取引」には密接な関係がある。

まず、取引の中で一番シンプルなものは「現物取引」だ。これは株を単純に買う取引で、上昇相場を狙う。この、「現物取引」を今度は約束の取引にして売りから始めることもできるようにしたのが「先物取引」だ。「先物取引」では、上昇相場でも下落相場でも収益を狙うことができる。そして、その「先物取引」をさらに進化させたものが「オプション取引」で、これは上昇相場でも下落相場でも、そして動きがない相場でも収益を狙うことができる。

そして、これら「現物取引」「先物取引」「オプション取引」はお互いに大きく影響しあい、そしてそれによってもう一つ大きな特徴の差がある。その特徴の差は、たとえると犬の体で表すことができる。まず、「現物取引」は犬の胴体部分と考えてほしい。では次に「先物取引」はと言えば、犬の胴体の後ろにあるしっぽにあたる。そして最後に「オプション取引」はしっぽの先端、骨がないふさふさした部分である。これは何かといえば、市場の動きに対するそれぞれの反応する度合いである。

走っている犬の姿を思い浮かべてほしい。犬が動いているわけだから、胴体も動く。そして、胴体が動くことによって、しっぽはより大きく動く。さらに、しっぽが大きく動くと、その先端部分はさらに大きく動く。これと同じことが「現物取引」「先物取引」「オプション取引」で起こるのだ。「現物取引」として日経平均株価が上昇すると、日経平均先物も同じように上昇する。ここで、「先物取引」は証拠金を入れた信用取引だから、実際に投資した金額への影響は日経平均株価の上昇幅よりも大きくなる。そして、それよりも影響がより大きくなるのが日経平均オプションなのだ。だから、単に現物取引を行なうよりも

「オプション取引」を行なった方が、上下幅は大きくなり、その分投資効率が高くなるのだ。日経平均が短期間で二倍、三倍になることはなくても、日経平均オプションで二倍、三倍になったりするものがごろごろ出るのはそのためだ。

日経平均オプションが大阪証券取引所（当時）に上場したのは、今から三〇年前の一九八九年のことだ。そして日経平均先物が上場したのは、その一年前の一九八八年のことで、どちらもそれほど長い年数が経っているわけではない。それぞれ上場した時期は日本がバブル景気真っ只中で、株価がどんどん上昇していた時である。おそらく最初は、上昇が続く株価を使っていかにして大きく収益を得ることができるかという考えから、投資効率が良い先物取引やオプション取引という当時の金融の先端技術を海外から取り寄せたのではないかと推測できる。

ただ、それを導入したことによって日経平均株価が暴落、バブルは崩壊したわけで、本当に良かったのかどうかはわからない。

取引を犬で表すと……

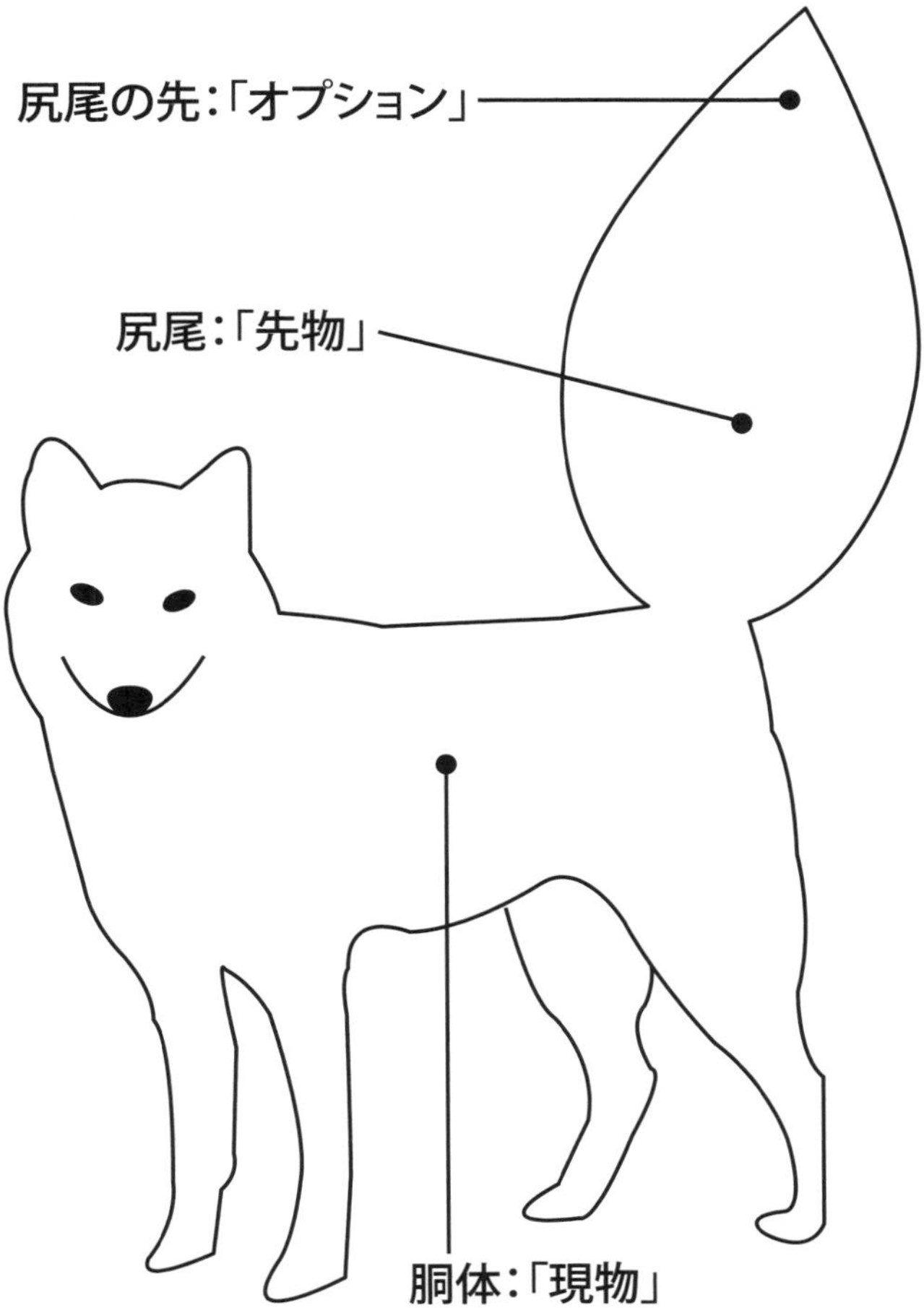

一か八かのギャンブルは避ける

オプション取引は、上昇相場でも下落相場でも、動きのない相場でさえ、どのような相場環境でも収益を狙うことができる。しかも優れた投資効率を持ち、短期間で二倍、三倍になったりする。一方で、これだけ収益機会が転がっている反面、損失を出す機会も数多く転がっている。

投資の世界では、投資案件ごとに異なるが、ある程度の損を出すことは覚悟する必要がある。まったく損を出したくないという人は投資には向かない。それが良い手とは思わないが、そういう人はすべての資産を預貯金で持つしかない。ただ預貯金の場合でも、その通貨が極端に安くなるようなハイパーインフレにでもなれば、価値は大きく下がる。だから、将来絶対安全で減らないと言い切ることができる資産の持ち方は残念ながら存在しないのだ。

さて、投資において損を出す時に一つ気を付けるべきことは、致命的な損を出してはいけないということだ。再起不能に陥るような損を出すべきではなく、そのような可能性がある投資に近づくことはまったくお勧めしない。だから、相場が下落する際に収益を狙うことができる取引は魅力的だが、個人が先物取引を行なうことはあまりお勧めしていない。先物取引の場合、約束の取引で、証拠金を入れることで投資金額以上の取引ができる。すると、相場が逆に振れた時、投資額以上の損失を出す可能性があるのだ。

たとえば、一〇万円を使って投資して急に相場が逆に動いたために、一〇〇万円の損失を出す可能性もあるのである。この金額であれば支払うことができる人も、桁数が二つ増えたらどうだろう。一〇〇〇万円投資して、一億円の損失が出たら目も当てられない。単に投資額の一〇〇〇万円が消滅するだけでもすごくショックが大きいわけだが、それではすまずに残り九〇〇〇万円が借金でのしかかるわけだ。これだけの損失を出すと、大抵の人はその後は資産運用どころの話ではなくなる。投資額以上の損失が出るのは、怖いことである。

このように、身の丈を超えた損を出さないように先物取引を上手くコントロールする方法もあるが、かなり難易度が上がる。そのため、先物取引を個人で行なうことはやはりお勧めできない。

では、オプション取引はどうかと言えば、最初から損失を投資額に限定して行なうやり方があるのだ。それでいて、相場が上昇しても下落しても収益機会にすることができ、タイミングよく投資ができれば大きな収益を得ることも可能なのである。

投資は一か八かのギャンブルではないので、そのようなやり方はまったくお勧めできない。一方でオプション取引では、損失は限定した上で上手く行った時には何倍にもなることもあり、かなり魅力的な投資と言える。

日本でオプションをやるなら〝日経平均オプション〟

すでに現物取引として、日経平均株価を例に出した。この日経平均株価について皆さんはどこまでご存じだろうか。日経平均株価は、「日経２２５」とも呼ばれる通り、日本経済新聞社が独自で選出した日本を代表する二二五銘柄で構成されている。それら二二五銘柄を平均する際、株式分割や銘柄入れ替えなどで一貫性が損なわれないように微調整がされて計算される。ただ、基本は平均だから二二五銘柄を同じ額面になるように全部買えば、日経平均とほぼ同じものができあがる。

もっとも、個人でそれだけ買うことは資金量を考えると困難だ。だから、個人で日経平均株価が欲しい場合には、日経平均に連動するＥＴＦ（上場投資信託）を購入したりする。個人では無理でも、運用会社の場合にはその資金量から二二五銘柄をすべて買うことができる。そのように作られたものが「日経平均に連動するＥＴＦ」で、個人はそこに参加するわけである。

このＥＴＦが登場したのは一九九五年で、バブル崩壊後である。だから、今では日経平均株価を購入できるわけだが、バブル時代ではそれはできなかった。その頃はウナギのぼりの勢いで日経平均株価が高騰していたし、マスコミもそれを連日報道していた。だから、主婦が証券会社に（株の個別銘柄ではなく）

「日経平均を売ってください」と訪れ、証券会社の社員が対応に困ったという笑い話があるくらいだ。

今ではETFを売ることができるわけだが、その後バブル崩壊で暴落したから商品がなくて正解だったかもしれない（おそらく他の個別銘柄を買っていそうだが）。もし当時、「どうしても日経平均を買いたい！」と証券会社の窓口に座り込んで梃子でも動かない態度であれば、仕方がないので先物取引で少し買ってもらうという方法はできた。

いずれにしても日経平均株価は、株取引をされている方は誰もが知る日本を代表する株式指標である。その指標を日々チェックすることで、日本全体の株式の動きを俯瞰してみることができる。

このような日経平均株価のような指標はどこの国にもある。米国であれば「ニューヨークダウ」や「ナスダック」、「S&P500」、イギリスなら「FTSE100」、ドイツは「DAX」、中国は「上海総合指数」、他にもトルコは「イスタンブール100」、ブラジルは「ボペスパ」なんていうものまである。

どこまで視野を広げて把握しておくかは個人の判断だが、少なくとも何らかの投資を行なう方であれば、「日経平均株価」と米国の「ニューヨークダウ」の動きを抑えておくべきだろう。米国の市場は世界最大で規模が圧倒的だから、世界は嫌でも米国の影響を受ける。そのため、その代表格は把握しておく必要がある。そして、もう一つ最近は中国の株価の動きが世界を動かすこともあるので、「上海総合株価」を抑えておくのもよいだろう。

さて、オプション取引は本来あらゆる相場で行なうことが可能だが、通常個人は上場しているものを取引する。そして、日本でオプション取引を行なおうとすると対象が限られてくる。日本で上場しているオプションは、日経平均株価を含むいくつかの「指数のオプション」と「長期国債先物オプション」、そしていくつかの「個別銘柄のオプション」などである。ただ、それらをすべて投資対象にすることは残念ながらできない。それどころか、実際に投資対象にできるのは、実は「日経平均オプション」だけなのである。他は、個人向けには証券会社で扱っていないものもあったりするが、一番の理由は人気がなく、ほとんど市場の参加者がいないためである。

仮に、あなたがサッカーが好きで、試合をするためボールを持ってグラウンドに行ってみたとする。すると、他にサッカーをやろうとしている人が三人ぐらいしかいなかったらどうだろうか。試合ができるはずがない。せっかくグラウンドがあって、設備が整っていても参加者がいなければダメなのだ。これは市場も同じで、参加者がいなければ買ったり売ったりすることは自由にできない。日経平均オプション以外の市場では、参加者が少なく取引量がほとんどないことから、取引対象にすることはできないのである。だから、日本でオプション取引を行なう場合には、自然と日経平均オプションになるのである。

習うより慣れろ

ここからはオプション取引の説明を、日経平均オプションを使いながら解説して行こう。

一般的にオプション取引を説明している書籍を探すと、複雑怪奇でわかりづらいものばかりである。中には「入門」と銘打っていながら、高等数学で使う難解な数式が並んでいるものもある。もちろんオプション取引を〝極める〟のであれば、そういった知識が必要だ。ただ、オプション取引を〝始める〟のであれば、そこまでの知識は必要としない。最低限のポイントを押さえた上で、まずやってみるのがオプション取引を理解する近道と言えるだろう。

まず、日経平均オプションを行なう上で、ネット証券会社とのやり取りは必須になる。日経平均オプションの取引時間は、九時から一五時一五分の日中と一六時半から翌朝五時半の夜間がある。これを電話でカバーすることは、特に夜間はまずできない。また、普通の株式よりも大きく動くため少し時間がずれると価格がずいぶん異なったりすることから、昔とは異なり今では電話注文を受けていない証券会社がほとんどである。すべて、インターネットを使った取引が原則になっている。

元々、インターネットを使って金融機関とやり取りしたり、ショッピングや旅行の予約などされたりしている方は特に問題ないだろう。ところが、インターネットはやったことがなく、パソコンやｉＰａｄに代表されるタブレットにも触ったことがない方は、最初からハードルが高いかもしれない。ただ、これからキャッシュレス化の流れが着実に進む中で、インターネットができないことはかなりのハンデになりかねない。これを機に練習されるのがよいだろう。かく言う私も、オプション取引のためにインターネットを約一ヵ月で覚えたので、要は慣れの問題で、今から始めても何ら遅くはない。

インターネットを使うことができるようになれば、他に大きなハードルは見当たらない。投資額は、一番少額では一二〇〇円ほどでオプション取引を始めることができ、その取引で起こる最大の損失もこの一二〇〇円に限られる。このぐらいであれば、やってみてもあまり痛手にはならない。やはり、まずやってみるのがオプション取引を理解する近道と言える。

オプション取引における必要最小限の専門用語

オプション取引を行なう時に、避けられない専門用語がいくつかある。その一つとしてまずご紹介するのが「コール」と「プット」だ。コールは買う権利、そしてプットは売る権利である。そして、オプション取引は、コールとプットの二つの権利を買ったり、売ったりする取引である。この説明では、初めての方はまったくわからないだろう。そこでもう少し具体的に日経平均オプションを見て行こう。少し難解な部分ではあるが、オプション取引の肝の部分なので、しっかりご理解いただきたい。

日経平均株価は日々動いているわけだが、オプション取引ではある時点での日経平均株価がいくらになっているのかを当てようとする。まず、上がると思えば買う権利であるコールを買う。そして、下がると思えば売る権利であるプットを買う。ここで、プットも〝買い〟という点にご注意いただきたい。

先に先物取引などの売りの説明を行なっているので、下げる方は〝売り〟と思われたかもしれないが、オプションの取引の場合は下がると思えばプットを買うのだ。このようにオプション取引では、コールの買いとプットの買いで上昇相場、下落相場のどちらでも収益機会を狙うことが可能なのである。

では、動かない相場を狙う時は何をするかというと、コールの売り、またはプットの売りを行なう。コールの売りは、上がらないだろうという相場の時に行なう。プットの売りは、下がらないだろうという相場の時に行なう。

ただ、個人投資家がコールの売りまたはプットの売りを行なうことはお勧めしない。実は、コールの売りとプットの売りは、致命的な損失を出す可能性をはらんでいるのだ。だから、コールの売りとプットの売りはそのような取引があると認識いただくだけで、〝禁じ手〟として封印してしまって構わない。

このように解説すると、「オプション取引の醍醐味はコールの売りまたはプットの売りにある。浅井隆はわかってない」としたり顔で言う方もいるだろうが、プロの投資家でもオプションの売りを行なっていたため再起不能に追い込まれ

オプション取引の基本

コールの買い

上昇相場に対応

プットの買い

下落相場に対応

コールの売り

上がらない相場に対応

プットの売り

下がらない相場に対応

（コールの売り・プットの売り）禁じ手として封印

る例が多数あるので、よほどオプション取引に精通するまでは、いや、オプション取引に精通したとしても触らない方が無難である。

さて、コールの買いとプットの買いを行なおうとした際、日経平均株価によく似た数字が登場する。二万三五〇〇円のコールの買いや、二万二三七五円のプットの買いといった具合である。この二万三五〇〇円や二万二三七五円という数字は、専門用語で「権利行使価格」と呼ばれ、現在の日経平均株価に近い数字では、一二五円刻みで存在する。

この権利行使価格をどのように使うかというと、たとえば現在の日経平均株価が二万三〇〇〇円だったとして、これから日経平均は上昇して行き、ある時点で二万三五〇〇円を超えていると思えば、権利行使価格二万三五〇〇円のコールを買う。反対に、これから下がって行き、ある時点で二万二三七五円を割っているだろうと思えば、権利行使価格二万二三七五円のプットを買う。

実は、オプション取引には満期のような「決済日」が存在し、そこまで持っていると自動的に決済されて、それ以上持つことができない日付が決まっている。先ほどから、「ある時点」と呼んでいるのはその決済日を意味し、専門用語ではＳＱ日（またはＳＱ決済日）と呼ぶ。オプション取引が最初にできた時には、このＳＱ日は毎月第二金曜日と決まっていた。それが、二〇一五年から「ウィークリーオプション」と呼ばれる週ごとにＳＱ日があるオプション取引が始まった。ただウィークリーオプションはまだまだ参加者が少ないため、あまり実用的ではない。現時点では月ごとのオプションで十分だろうから、ＳＱ日はやはり毎月第二金曜日と覚えておけば十分である。

　このＳＱ日、理論上はかなりあとのものを手掛けることができる。最長で八年後のＳＱ日のものを今から取引できるように大阪取引所が上場しているのだ。では、八年後の日経平均株価はどうなっているのかという問いに、答えられる人は誰もいないだろう。だから、これほど長くなるとまったく取引が成立しない。八年後どころか、ＳＱ日まで三ヵ月以上時間が空いているものはあまり取引されない。ある程度の取引がみられるのは直近一、二ヵ月のもので、活発な取引となると直近一ヵ月だけである。ここからオプション取引が長期勝負ではなく、常に一ヵ月程度の短期決戦であることがわかる。

ＳＱ日の日経平均株価が二万三五〇〇円より上がっているだろうと思えば、権利行使価格二万三五〇〇円のコールを買う。買うわけだから、その代金を支払う、その代金のことを「プレミアム」と呼んだり、「オプション価格」と呼んだりする。オプション価格は数円から数百円のものが多い。ＳＱ日に権利行使価格のラインを（コールでは上に、プットでは下に）超える確率が高いと価格が高く、確率が低いと価格は安い。先ほどの日経平均株価が二万三〇〇〇円の時、権利行使価格二万三一二五円のコールと二万三五〇〇円のコールではどちらの確率が高いかと言えば、日経平均株価に近い二万三一二五円の方だ。これだけ日経平均株価に近ければ、すぐにその価格を超えてくれそうだ。

ここで、仮にオプション価格が八〇円だった時、実際に八〇円払って購入ではない。オプション価格は×一〇〇〇倍でやり取りすると決まっているので、実際には八〇×一〇〇〇で、八万円と買い付け手数料（証券会社や取引金額によって異なるが最低二〇〇円ほど）が必要になる。最初にオプション取引は二

取引を始める前に抑えておくべき専門用語

① コールとプット

② 権利行使価格

③ SQ日

④ オプション価格（プレミアム）

※用語の意味が不明な場合には、本文を何度も読み返していただきたい。

倍、三倍の収益機会がごろごろあると解説したのは、このオプション価格が二倍、三倍になることで、その時にはＳＱ日を待たずに反対売買である決済売り（取引を終える時は売り）をして利益を確定する必要がある。さすがにオプション価格八〇円が二倍、三倍にはなりにくいが、日経平均株価より離れたところでは二〇円、一〇円、五円、それどころか二円、一円といったものまである。このぐらい価格が低いと、意外と簡単に二倍、三倍になるものだ。

以上、「コール」と「プット」「権利行使価格」「ＳＱ日」「オプション価格」（またはプレミアム）という専門用語を解説した。これらはあくまで必要最小限の知識である。実際にオプション取引を行なう上では、他にもっといろいろな知識が必要ではあるが、実際にオプション取引をやりながら覚えて行く方法もある。数円台のコールまたはプットを買って取引に慣れながら、実体験で勉強して行くのだ。身銭を切っている分だけ、習熟度は格段に良くなるだろう。

それを何度か行ない、仕組みがわかってきたら、今度は額を増やしたりしながらオプション取引を真剣に取り組むのである。

一勝九敗で、プラスを目指す

オプション取引で、コールとプットの買いをしばらく続けると、あることに気付くだろう。それは、「なんで、こんなに負け続けるのか？」ということだ。オプション取引において、実は買いから始める取引の勝率はあまり良くない。上昇相場と下落相場に対応できるわけだが、ある程度大きく動いてもらわないとちゃんとした収益につながらないからだ。

相場が落ち着いている時は、コールやプットの売りの方が儲かる。特に、ここ数年の日経平均株価の動きを見ると、二〇一六年は夏以降相場に大きな動きはなく、二〇一七年は一年を通して無風状態が続いた。二〇一八年は二回ほど、二月とそして一〇月から年末までで相場は大きく動いたが、明けて二〇一九年は一〇月末まで無風状態に戻っている。

このような相場環境だと、コールとプットの売りによってコツコツ収益を得る機会がほとんどであった。オプションの売りはそれほど大きな収益を狙うことができない代わりに、勝率がかなり高い。

ただし、気を付けなければいけないことは、相場が大きく動いた時にオプションの売りは大きなマイナスを出すことが多く、たった一回の負けが致命的な損につながり、今までのプラス分を遥かに超えるマイナスを出すことがあるのだ。逆に、オプションの買いは普段は負け続ける代わりに、相場が大きく動けば大きな収益につながることが多く、たった一度のプラスの機会でそれまでのマイナス分をすべて取り戻してなお余りあるプラス収益を出すことが可能なのである。

イメージとして、オプションの買いは一〇回に一回勝つことができれば大成功で、その一回でそれまで九回負けた分以上の収益を出すことを期待するのだ。本当にそんなことが可能なのか。コール、またはプットの買いが大きな倍率となった実例をいくつか挙げておこう。

①一九九二年八月の市場予想を裏切る大暴騰

この出来事は私がオプション取引を知るきっかけになったものだ。詳しいエピソードは第六章で触れるのでそちらで確認していただきたいが、ここでは何が起きたか事実関係を述べておこう。

一九九〇年二月から本格的にバブル崩壊が始まったわけだが、一九九二年はさらに追い打ちをかけるような大暴落が繰り広げられていた。この状況に政府はなんとか歯止めをかけるべく模索を続けていたのだが、八月、節目となる日経平均株価一万五〇〇〇円割れを目前にした時、ある政府の決断から相場は大きく反転し、その後目を見張る大暴騰を見せた。結果、日経平均はわずか三週間で約五〇〇〇円も上昇した。

上昇相場だから、コールで収益を得るわけだが、ＳＱ日までのある権利行使価格のコールが五円から二〇〇〇円までに跳ね上がったのである。実に、四〇〇倍の倍率を記録したわけだ。

②一〇〇年に一度の収益機会!?　二〇〇八年金融危機

次は、もっと高い倍率を紹介しよう。二〇〇八年の金融危機である。米投資銀行リーマン・ブラザーズの破綻から始まった一連の株式の暴落劇は、今更説明する必要はないだろう。確率統計上起こり得ないことが起きたというわけで、一九二九年のブラックサーズデー（暗黒の木曜日、「ウォール街大暴落」とも呼ばれる）から始まった世界大恐慌になぞらえ、「一〇〇年に一度の金融危機」と呼ばれるようになった。その非常識な確率は、一説にはサイコロを二八個投げて、そのすべてで一の目を出すことよりも難しいと言われている。

この世界中が阿鼻叫喚の渦となった金融危機は、オプション取引にとっては数十年に一度の収益機会となった。対象は一〇月にSQ日を迎える権利行使価格九二五〇円のプットである。九月初旬にオプション価格は安値一円を付けていたのが、最終的にSQ日には一二五七円になった。倍率は一二五七倍である。オプション価格は×一〇〇〇円だから、最低額一〇〇〇円で買ったものがわずか一ヵ月と一〇日弱でなんと一二五万円になったのだ。

ここで九二五〇円のプットを一〇〇〇円で買った人は、一二五万円を手にしたわけだが、そのお金は一体どこから出てきているのかと言うと、九二五〇円のプットを売った人からなのである。九二五〇円のプットを九月初旬に一円で売って一〇〇〇円を手にした人は、その約一ヵ月と一〇日後に一二五万円を払わされたのである。もし一〇〇〇円だけ手に入れても面白くないと考え、一〇〇枚ぐらい売って一〇万円を手にした人がいたとすると、その人は一億二五〇〇万円の支払い義務が発生するわけで、いかに売りが致命的な損を抱えるかがよくわかる。そして、実際この時はオプションの売りをメインの戦略としていたヘッジファンドのほとんどが飛んで、消滅してしまったのである。

③最近でも一〇〇倍以上、二〇一八年二月の「VIXショック」

二〇一八年二月に何が起きたか。ピンとくる方はよほど金融に通じている方である。この日「VIX」と呼ばれる米国株式の状態を表す指数に異常が起きたのだ。VIXは価格が高くなればなるほど市場がパニックになっている状態を表し、低ければそれは市場が平穏無事であることを表す指標だ。普段は二〇ドル以下で落ち着いているのが、危機になるとそれを超え、パニック時で三〇ドル以上、大パニックで四〇ドル以上となる。二〇〇八年の金融危機の際、史上最高値の八九・五三ドルに達して、そこから特に注目されるようになった。

そのＶＩＸの価格が二〇一八年二月初旬、わずか一日の間で約三倍にもなったのだ。この動き幅は二〇〇八年の金融危機の時でさえ記録されておらず、上昇率は過去最高となった。市場が平穏無事な状態からいきなりパニックに陥ったことでプットのオプション価格は軒並み急騰し、六〇〇〇倍の倍率を付けるものが登場した。

他にも、東日本大震災（二〇一一年三月）や安倍政権誕生からアベノミクスまでの動き（二〇一二年一一～一二月）、黒田バズーカ第二弾（二〇一四年一〇月末）などでそれぞれオプション価格で数百～一〇〇〇倍以上を記録するコールやプットが登場した。数百～一〇〇〇倍以上を狙うのであれば、一勝九敗どころか一勝九九敗でも大きなプラス収益を出すことが十分に可能なのである。

日経平均オプションにおける高倍率

コール 400倍	1992年8月	政府介入による日経平均の暴騰
プット 1257倍	2008年9～10月	リーマン・ショックに端を発した金融危機
プット 1000倍以上	2011年3月	東日本大震災
コール 300倍以上	2012年11～12月	安倍政権誕生からアベノミクス
コール 500倍以上	2014年10月末～11月	黒田バズーカ第2弾
プット 600倍以上	2018年2月	VIXショック

〝時は今〟――宝くじを買うぐらいならオプションを買え

〝時は今　あめが下しる　五月かな〟

これは、二〇二〇年ＮＨＫの大河ドラマ「麒麟がくる」の主人公、明智光秀が、信長を本能寺で討つ前に詠んだ決意表明の句として知られる。明智光秀が謀反を起こした理由については諸説あるが、いずれにしても本能寺の変は天正一〇年六月二日（一五八二年六月二一日）に起きた史実である。

天下人として揺るがない地位を築いていた信長に付け入る隙があったのは、唯一このタイミングであり、明智光秀はその絶好の機会が巡ってきたとこの歌を詠んだのではないだろうか。

この絶好のタイミングというのが、オプション取引にはもっとも重要で、今皆さんにオプション取引をお勧めしているのも、まさに〝時は今〟だからだ。コールの買い、プットの買いは、平時は儲からない取引である。それが、相場が動くと驚くほどの利益が出る。動きは大きければ大きいほど良い。オプション価格の倍率がその分大きくなるのである。今、世界は相場がいつ大きく動いても不思議ではない状態にある。二〇一八年はそれほど動きがないように見えて、実は二月と一〇月と二回の大きなチャンスがあったわけだ。

このように一、二年の中で大きく動くタイミングではしっかりと大きな収益を狙ってほしい。そして、それだけではない。今、世界中でお金が溢れている状態の中で、世界中の多くの株式や債券、不動産においてバブルが発生している。そして、実はそのバブルがいつ崩れても不思議ではない状態なのである。オセアニアの不動産はすでに少し崩れ始めている。

思い出してほしい。一九九〇年代の日本のバブル崩壊のような出来事が、今度は世界規模で起ころうとしているのだ。おそらく二〇〇八年と同程度かそれを上回るパニックが起きる可能性がある。大河ドラマ「麒麟がくる」のクライマックスで明智光秀が例の句を詠む頃はちょうど東京オリンピックが終わるくらいになるだろう。そのタイミングで株式大暴落が始まったらと考えると面白い。そうなっても、何ら不思議はないのである。この数年間は、特にオプション取引を行なうチャンスであると言ってもよいだろう。

だから、よく宝くじが好きで、毎年ある程度まとまった金額を買ったりしている方は、ここから数年間はそれを我慢して、オプション取引に費やしてみてはいかがだろうか。オプション取引の方がよほど勝率を高くすることができるし、それでいて宝くじの一等にはおよばないにしても、数百〜一〇〇〇倍を狙うことも可能なのである。これから真剣に勉強して、見事に大資産家になることもオプション取引では夢ではないのだ。

さて、以上がオプション取引の基本である。大きな相場では大きな収益を狙う。この基本路線を抑えながら、日々の動きも狙って行くのだ。二倍、三倍になる機会がごろごろ転がっているわけだから、普段はそれを取りに行こうというわけだ。これが、デイトレ・ポンちゃんのやり方である。オプション取引をデイトレに生かす方法、それは後の章に細かく書いているので、それまでオプション取引の基礎知識を身に付けていただいた上で次に読み進めてほしい。

第四章　デイトレの正しいやり方
――道具、資金、その他

売るべし　買うべし　休むべし

（相場の格言）

インターネットさえあれば万事ＯＫ！

あなたがもし、デイトレードを志すというのなら、どうしても越えなければならない壁が一つだけある。それは、一部の中高年層からするとまさに難攻不落であり、「グレートウォール」（長城）と形容してもよいかもしれない。それは、〝インターネット〟だ。

すでにインターネットをバリバリ使いこなしているという方は、もちろん何も問題ない。インターネット証券で口座を開設さえできれば、すぐにデイトレードを始められる。それができず、専門用語ではデジタル・デバイド（インターネットなど情報通信技術やスマホなどデジタル機器を持つ人と、そうでない人の間に生じる情報格差）と呼ばれる人たちが問題だ。

しかし、先ほどグレートウォールと形容してしまったが、まったくもって恐れる必要はない。実際は簡単に攻略できる。ちなみに、私もつい数年前までは

「デジタル・デバイドおじさん」と揶揄されており、正直なところパソコンのパの字も知らなかった。使用していた携帯電話もいわゆる「ガラケー」だったのである。しかし、今ではｉＰａｄ三台を使いこなし、そのうちの一台では日経クイックなるものまで駆使してトレードに励んでいる。すなわち、やる気さえあれば誰でもできるというわけだ。

ところで、あなたがすでにパソコンやスマホでインターネットを使いこなしているというのなら、この項を読む必要はない。飛ばして一八二ページから読んでいただければ結構だ。

しかし、怒られそうだがはっきり言ってしまおう。私の読者層は若くない人が多い。インターネットの開通と聞いて、「どうすればよいかわからない。なにやら面倒くさそうだ」と思う人も少なくないはずだ。中にはインターネットに対して、「怖い」という印象さえ抱いている人もいるのではないだろうか。

そんなあなたに、本章ではイチから教えよう。インターネットの開設から、パソコンやスマホ・タブレットといった端末（機材）の用意、そしてネット証券で口座を開設する方法までをだ。これらの用意には物理的な時間がかかるが、この本を読んですぐに取り掛かれば、おそらく一ヵ月以内に晴れてデイトレードに挑戦できることだろう。

インターネットができる環境を用意しよう！

まずは基本の「き」である、インターネットの開設から伝授したい。

インターネットに接続する機材として代表的なものには、「デスクトップパソコン」「ラップトップパソコン（ノート型パソコン）」「タブレット端末」「スマホ」の四種類が挙げられる。

極端に言うと、パソコンやスマートフォン（以下スマホ）、タブレットといった機材のいずれか一つでもインターネットに接続できていればデイトレードができる。ただし、その中でも私が特にお勧めしたい機材が、ｉＰａｄなどの「タブレット端末」というものだ。

まずデスクトップパソコンだが、これはもっとも性能面で優れているものの、持ち運びができないため常に自宅にこもっているという人以外には不向きだ。次にノート型パソコンだが、これは持ち運びできるものの、決して軽くはないし、マウスなどの付属品も同時に持ち運ぶ必要が出てくる。また、近くに電源（使用できるコンセント）がないと長時間の使用が難しい。パソコンの操作を覚えるのが面倒くさいという理由もあり、個人的にはパソコンでのデイトレードをお勧めしていないが、パソコンの操作に慣れているという人であれば、引き続きパソコンでやるのがよいだろう。

次に、スマホとタブレットだが、これら二つは基本的に操作方法が同じだ。ただし、タブレットの方が画面が大きく単純に見やすい。スマホは小さくて軽い分、デバイス（機材）の中でもっとも持ち運びしやすいが、私にとっては画面が小さくて見づらく、タブレットを推奨している。スマホより電池が長持ちする点もよい。

もちろん、好きな機材を選べばよいのだが、今までにすべての機材を触ったことがないという方には、やはりタブレットをお勧めする。なぜなら、（これはスマホにも同じことが言えるのだが）タブレット端末は基本的に〝直感〟で操作できるように設計されているためだ。

これは余談だが、スマホやタブレットを真っ先に世に広めた米アップル社の商品には、基本的に説明書など操作方法が記されたものが付属されていない。この点がアップル製品の強みでもあるのだが、アップルの創設者でありｉＰｈｏｎｅの生みの親でもあるスティーブ・ジョブズには、新たなデバイスを作る際に「忙しい現代人には分厚い説明書を読んでいる暇はないから、直感で操作できるものにしよう」という前提があった。だから、スマホの操作は一見すると難しいようで、実は幼児でも扱えるようになっている。

反面、パソコンではそうは行かない。初心者ならなおさら説明書の熟読は必須だ。分厚い説明書を読むことから始めなくてはならない分、当たり前だが操作の習得に時間がかかる。また、パソコンの場合はインターネットをやるのに自身で回線を用意しなくてはならない。タブレットやスマホなら、もちろん有料ではあるが、契約した携帯電話会社の回線でインターネットができる。こうした理由から、インターネットをイチから始めるという方には、できるだけタブレット、もしくはスマホをお勧めしたい。

あなたが使用する機材をタブレット（もしくはスマホ）に決めたのなら、あとの話は簡単だ。自身が使用している携帯電話会社のショップに行って、「インターネットをしたいのでタブレットをください」と言えばすむ。近くに携帯ショップがないというのであれば、たとえば家電量販店でもタブレットやスマホを契約できる。もちろん、家電量販店で購入したからといって別の携帯電話会社の回線になるということはない。仮に、あなたがＮＴＴドコモの携帯電話を使っていてタブレットもＮＴＴドコモの回線で契約したいというのなら、それは問題なくできる。

ここで、インターネットができる環境を作るにあたって、究極の裏技を教えておきたい。それは家族や知人の中でタブレットやインターネットに精通している人に少しばかりのチップ（お小遣い）を渡して、常にインターネットがで

これから初めてインターネットに取り組むなら、タブレット（もしくはスマホ）がお勧めだ。私はインターネット初心者だったが、今ではタブレット３枚を使って取引している。

きる状態を用意してもらうのだ。詳しい人が近くにいれば、操作方法についてのアフターケアも期待できる。もし、あなたの周りに詳しい人がいれば絶対に頼るべきだ。

そもそもインターネットの開通や端末の操作といった問題は、あくまでもデイトレードをやるための手段でしかなく、それらを習得することが目的ではない。特にインターネットの開設方法などは習得しても今後の人生でほとんど役に立つ見込みがないため、こうした問題はできるだけ省いた方がよいのだ。

もちろん、ネットに詳しい人が近くにいないという人もいるだろう。そういう人は、もはや努力するしかない。インターネットを扱うということは、結局は慣れてしまえば何ともない話で、基本的に車の運転と一緒だ。車の運転も最初は練習が必要だが、慣れてしまえば自然に運転してしまっている。インターネットも覚えるまでが肝心で、機材を購入した携帯ショップや家電量販店に足しげく通い、または街のパソコン教室（スマホ教室）に通って習得するしかない。最初だけ集中的に覚えてしまえば、あとはお茶の子さいさいだ。

そうは言っても、基本の「き」

そうは言っても、インターネット開設の基本だけは抑えておこう。どの機材でインターネットをやるのかを決めたら、あとはどのインターネット回線で接続するかも決めなくてはならない。ちなみに機材とインターネット回線の組み合わせには次の五形態がある。

①デスクトップパソコンを使って、光回線でインターネットに接続する
②ノート型パソコンを使って、光回線でインターネットに接続する
③ノート型パソコンを使って、モバイル回線でインターネットに接続する
④スマホ・タブレットを使って、携帯電話会社の回線でインターネットに接続する
⑤スマホ・タブレットを使って、モバイル回線でインターネットに接続する

ちなみに私は⑤の形態を取っているが、この中でもっとも簡単な接続方法は

前項でも説明した④の形態だ。ちなみに私はiＰａｄを三台持っているが、それらの機材はどこのキャリア（通信会社）とも契約しておらず、基本的に会社の無線ＬＡＮ（光回線から派生させた室内Ｗｉ－Ｆｉ）か、モバイル回線でインターネットに接続している。

初めてインターネットをやるという方には、この時点でチンプンカンプンであろうから順を追って簡単に説明したい。

私たち消費者にとって、インターネット回線には大きく分けて三種類がある。「携帯電話会社の回線」、「光回線」、そして「モバイル回線」だ。

まずは、「携帯電話会社の回線」だが、これは機材がスマホやタブレットだった場合に限定される。前項で説明したように、携帯電話ショップに行けば簡単に契約でき、特に他の作業を必要としない。ただし、他の回線よりも通信料が高く「使い放題」のようなプランだと数千円から一万円ほどの使用料（月額）が発生する。また携帯電話の電波を使うので、電波が届かないところでは使用できない。

次に「光回線」だが、これは自宅にインターネット回線を引く形態で、もし自宅でデスクトップパソコンを使ってデイトレードをしたいという方はこの光回線の開通が必須だ。ちなみに、一口に光回線と言っても複数の会社が同様のサービスを提供しており、会社ごとに通信速度や料金が違ってくる。あなたが光回線を開通させたい場合、まずはサービス会社を選ばなければならない。代表的な回線は「ドコモ光」「ａｕ光」「ソフトバンク光」「ＮＴＴフレッツ光」そしてソニーが運営する「ＮＵＲＯ光」などだ。

基本的に、自分が使っている携帯電話会社と同じところを選択すればよい。その方が割引サービスなども充実している。また、ケーブルテレビを契約しているという人であれば、お使いのケーブルテレビ会社が提供している光回線を契約するのもよい。仮に自身が使っている携帯電話会社の光回線を使うと決めた場合、その携帯ショップに行って「光回線を契約したい」と言えばすむ。ケーブルテレビの場合は、窓口に電話すれば光回線の部署までつないでくれる。光回線を契約する際、料金プランなどはちゃんと確認することが大事だ。基本的にインターネットさえできれば問題ないので、極めてシンプルなプランでよいのだが、中には無知に付け込んで本来であれば必要のない有料のサービスを付随させようとしてくる営業マンもいると聞く。光回線の使用料は、サービス会社やお住まいが戸建てかマンションかによって違ってくるが、先に挙げた四社では大体二〇〇〇～六〇〇〇円（月額）の範囲内で契約できる。この価格帯をはるかに逸脱したプランを提示された場合は、即座に断ってよい。

申し込みがすめば、あとは日程を打ち合わせして二～三時間くらいの開通工事をして完了だ。会社によって異なるが、この工事に数万円の費用がかかる。申し込みから設置までの所要期間は、どんなに早くても二週間、基本的には一ヵ月程度が必要だ。

ところで、光回線を自宅もしくは会社にまで引けば、「ＷｉＦｉルーター」という機器を置くことで室内に無線ＬＡＮという環境を作ることができる。デスクトップパソコンは基本的に有線でインターネットに接続するが、ノート型パソコンやスマホ・タブレットはＷｉＦｉルーターさえあれば無線でインターネットへの接続が可能だ。

三つ目のモバイル回線とは、この無線通信だけができる回線を指す。しかも持ち運び可能だ。すなわち、モバイル回線を使えばルーターという機器を持つだけで、家の中でも外出先でもインターネットにつなぐことができる。ただし、室内のデスクトップパソコンには接続できない。

代表的なモバイル回線は、高周波数帯のもので「ＷｉＭＡＸ」（ワイマックス）。低周波数帯で携帯三大キャリア（ＮＴＴドコモ、ａｕ、ソフトバンク）の提供する回線がある。高周波数には「高速通信が可能だが、電波が壁などの障害物に弱い」という特徴があり、低周波数は「通信速度はとびぬけて速くないが、障害物があっても電波が届きやすい」というのが特徴だ。すなわち、家でインターネットをやることが多い方は低周波数帯の回線を、屋外にいることが多いという方は高周波数帯の回線を選べばよいだろう。

繰り返しになるが、私のスタイルは通信会社とは契約していないタブレット（ｉＰａｄ）三台を持ち、自宅と会社では光回線を基にした無線ＬＡＮ、外出先ではモバイル回線を使ってインターネットに接続するというものだ。これで、いつでもどこでも高度な取引ができていると自負している。

このようにインターネットには様々な接続方法があり、基本的には好きなものを選べばよい。一から始めるという方は、絶対的に④と⑤がお勧めだ。パソコンに慣れているという方は、①～③でやればよい。そしてインターネット初心者は、やはり機材やネットに詳しい人を近くに置くことが最善となる。

ネット証券口座のあれこれ

インターネットのできる環境が用意できたら、次はいよいよネット証券口座の開設だ。

証券会社には大きく分けて二種類があり、野村證券や大和証券などの「総合証券」と、ＳＢＩ証券や楽天証券などの「ネット証券」に分かれている。ちなみに、この二種類の証券会社のどちらでも私が推奨する日経２２５オプション

（買い建てのみ）の取引は可能だ。

しかし、実際のところ総合証券でオプションの口座を開くのは審査がとても厳しく、率直に言って難しい。もし、総合証券の口座をお持ちという方は、担当者にオプション取引の口座開設ができるか確認してもよいだろうが、容易に開設させてくれないはずだ。また、デイトレードでは頻繁に取引するため、総合証券の口座では手数料が莫大な額になりかねない。手数料の面からしてもネット証券を選ぶ外ないというのが実情である。オプション取引が可能なネット証券の会社の一部を一八五ページに列記するので、参考にしていただきたい。

このすべてのネット証券でオプション取引が可能なのだが、操作方法は会社によって大きく異なる。わかりやすさを重視した画面構成もあれば、情報量の豊富さを意識した画面構成の会社があるなど、それぞれが特徴的だ。

また、ＳＢＩ証券、松井証券、岡三オンライン証券、ＧＭＯクリック証券、ライブスター証券、楽天証券ではそれぞれが独自に開発した「トレーディングツール」なるものを無料で会員に提供している。このトレーディングツールを使うとリアルタイムで相場を監視できるばかりか、スピーディーな取引が可能だ。上級者を目指すのであれば、トレーディングツールが用意されているネット証券会社を選択するのもよいだろう。

ところで、先ほど「ｉＰａｄは直感的に操作できる」と言ったが、ネット証券の取引（操作）画面はそうは作られていない。すなわち、それなりの練習が必要である。とりわけインターネット初心者にとっては決してハードルが低いとは言えないが、それでも明るい未来のために必死で覚えるしかない。これを機に習得してしまえば、一生、デイトレができるのである。

ネット証券口座の良い点は、いずれの会社でも口座が無料で作れることと、維持費がかからないことだ。極端な話、使いやすさを比較するためにすべての会社で口座開設することもできる。また、取引はせずともトレーディングツールで相場を監視したいがためにネット証券口座を開設している人も少なくない。申し込みもインターネット上ですむので楽だ。ただし、マイナンバー・カード（通知カードでも可）や運転免許証・パスポートなどの身分証明書は必要である。

オプション取引が可能なネット証券（一部）

SBI証券
auカブコム証券
松井証券
岡三オンライン証券
マネックス証券
GMOクリック証券
ライブスター証券
楽天証券

■すべてのネット証券でオプション取引が可能だが、
操作方法は会社によって大きく異なる。
わかりやすさを重視した画面構成もあれば、
情報量の豊富さを意識した画面構成の会社があるなど、
それぞれが特徴的だ。

ちなみに、これはどのネット証券会社にも共通することだが、まずは株や投資信託を取引できる「総合証券口座」を開設することから始まる。まず総合証券口座を開設し、その後に任意で「日経225オプション」や「日経平均先物」、「FX」といった派生的な口座を開設しなければならない。もちろん、これらすべての工程がインターネット上ですむ。

ただし、口座開設完了まではそれなりの時間が必要だ。それは証券会社による審査や、証券会社から本人限定受取の郵便を受け取る必要があるためである。最短でも二週間はかかるだろう。

この本を読んで一(インターネットの開設)から始めるという方は、取引を始めるまでにどんなに早くても一～一ヵ月半はかかる。もちろん、その間はオプションについて猛勉強してもらいたい。また、前述したように取引(操作)画面はそれなりに複雑なため、口座開設後には特訓も要る。それでもすべて合わせて半年もあれば、立派なデイトレーダーになれるはずだ。

資金はどのくらい必要なのか？

ここまでの話はさておき、皆さんがもっとも気にしているのが、「始めるにはいくらくらい必要なの？」ということであろう。これに対する答えは、「なんだよ、それは」と言われるかもしれないが、「あればあるほど良い」となる。

ただし、全財産をオプション取引に突っ込むということは極めてナンセンスだ。せいぜい、全財産の一〇分の一程度を上限に取り組むべきだろう。理想を言うと、毎日一〇～二〇万円は投じることができるような状態であるとよい。

前章で述べたように、オプション取引の最低取引単位は一〇〇〇円だ。これが一〇年に一度くらいの割合で、一〇〇〇倍の一〇〇〇万円になったりもする。ただし、こうしたケースは本当にまれで、オプション価格が一円の権利行使価格帯が大きく反応するような大暴落や大暴騰というのはめったに起きない。これはどういうことかというと、オプション取引は一〇〇〇円から取り組むとはできるが、一円のオプション料の権利行使価格帯での取引はデイトレには向いていないということだ。こうした価格帯で相場を張るのは、まさにリーマン・ショックのような一〇〇年に一度の経済危機を当てに行く際のスタンスである。

価格変動が少ない平時で取引するには、やはりオプション料が二桁、すなわち最低でも一万円くらいの価格帯に投じなければ、なかなか反応しない。時にはオプション料が三桁（最低取引単位一〇万円）の権利行使価格帯で勝負するケースも出てくる。そうなると、やはり毎日一〇～二〇万円くらいは投じられる資金がほしい。そして、毎日その状態をキープしなければならないわけで、それにはその一〇倍～二〇倍の一〇〇～二〇〇万円くらいは必要だろう。損失を出すこともしょっちゅうであるし、大きく資金を投じたい場面がやってくるからだ。ナンピン買いを迫られる局面も多々ある。やはり、毎日投じる額の一〇倍くらいは確保しておきたい。

仮に、あなたの全財産が二〇〇〇万円だとした場合、一〇分の一の二〇〇万円をデイトレに投じる額の上限とし、そのうちの一〇～二〇万円を毎日の取引に投じるという感じがよいだろう。目標リターンは年率二〇～一〇〇％、そして三～一〇年に一度くらいで訪れる株価の急変で一〇〇～二〇〇％のリターンを取れれば万々歳だ。ちなみに私の理想では、月利五％を複利で運用したいと思っている。月利五％など信じられないかもしれないが、オプション取引では決して不可能ではないのだ。

周到にチャンスに備えよう

過去一〇〇年を振り返っても、「大恐慌」「真珠湾攻撃」「オイル・ショック」「日本のバブル崩壊」「米同時多発テロ」（9・11）「リーマン・ショック」などの大事件が起こってきた。こうした大事件を「収益機会だった」などと言うと冷血漢と思われるかもしれないが、オプション取引に関わらず事実として、これらのイベントは大きな収益機会を提供してきたのである。

こうした一〇～数十年に一度のテールリスク（極端な変動）に参戦するのは

もちろんだが、私は近年、嗅覚を研ぎ澄ませばオプションの買い建てにも平時から大きな収益機会が眠っているということがわかってきた。

もちろん、デイトレだからといって毎日絶対に取引すべきということではない。取引をしない日ももちろんある。私が尊敬する著名投資家のマーク・ファーバー氏は「もっとも優れた投資判断とは、実際には投資しなかったことだったということが多々ある」と言っているが、まさにその通りだ。

しかし、嗅覚を磨き週に一回でも収益機会を見つけられたら、私の理想とする月利五%も夢ではないだろう。もちろん、それは一筋縄のことではない。金融の情報だけでなく、歴史や地政学、さらには世界情勢などありとあらゆる情報に触れて（しかもきちんと取捨選択した上でだ）、感性を磨くことが重要だ。

デイトレとは、日々を相場にだけ費やすことではない。毎日を、覚悟を持って本気で生きるということなのだ。投資に一〇〇%はなく、この先も私には大きな失敗も待っていることだろう。しかし、嗅覚を磨き続け、十数年後を目標に大きな財産を築くことを誓うのである。

第五章　勝つための鉄則・心得

働き一両、考え五両、知恵借り十両、コツ借り五十両、ひらめき百両、
人知り三百両、歴史に学ぶ五百両、見切り千両、無欲万両

（上杉鷹山）

一番　オプション市場は戦いの場。参入するにはしかるべき準備と覚悟が必要

本書では、年金を当てにせずオプション取引で月三〇万円を稼ぐことを目指す。もちろん、それは決して簡単なことではない。ちょっと投資に詳しい人なら、たいてい「それは無理だよ」ということだろう。確かにそうかもしれない。オプション取引の仕組みや方法を一通り覚えただけで、ただ闇雲に取引すれば、九九％大損して終わるのがオチだ。相場はそれほど甘い世界ではなく、それはオプション取引についても同じことである。

しかし、すでに解説したようにオプション取引には他の投資にはない独自の性質があり、その性質を熟知し味方に付けることができれば利益を上げることは不可能ではない。オプション取引の性質を熟知し味方に付けるには、どうすればよいのだろうか？　少し恐ろしい表現になるが、市場というのは勝つか負けるかの戦いの場である。鉄の弾が飛び交う戦場のようなものだ。そのような

市場に安易に参入すれば、いともたやすく身を滅ぼすことになるだろう。オプション取引のような市場に参加するには、しかるべき準備と覚悟が必要なのだ。ただ、むやみに恐れる必要もない。逆に言えば、「しかるべき準備と覚悟」さえあれば、誰でもオプション取引に参加でき、利益を上げることができるのだ。本書を手に取られた読者の中には、株式投資などやったことがないという方や、日経新聞さえ読んだことがないという方も多いかもしれない。地道にサラリーマン生活を送り、いよいよ定年が間近になり、さて老後資金をどうするかと考えている時に本書を手に取ったという方もいらっしゃることだろう。そのような方でも、しかるべき準備と覚悟があれば大丈夫だ。要は、やる気の問題だ。

皆さんの中には自動車の運転免許を持っている方もいらっしゃるだろう。これからオプション取引を始めようという方は、運転免許を取るために教習所に通っていた時のことを思い出すとよいかもしれない。運転免許を持っている人は珍しくないし、免許を取って長年、車を運転している人にとっては車の運転自体は難しいものではない。あなた自身、あるいはあなたの家族や知人を見渡せば、苦もなく車を運転している人が何人もいるだろう。ただ、ほとんどの人は初めから上手に運転できたわけではなく、免許を取るのに少なからず苦労をし、努力もしたはずだ。そして免許を取り、車の運転に慣れることでやがて苦もなく運転できるようになるのだ。

私もそうだった。私は、大学を中退した時に運転免許を取った。当時はマニュアル車のみの免許だったから、結構苦労したことを覚えている。第一段階を終え、第二段階に進んだ時点で「自分にはとても免許は取れない」と思った。道路をスムーズに行き交う車を運転する人は皆、天才に見えたものだ。

第三段階で初めて公道に出た時の恐怖は今でも忘れない。もちろん助手席には教官がいるのだが、それでも恐かった。片側一車線のそれほど広くない車道を走っていた時のことだ。前方から大型バスが迫ってきた。運転に慣れていれば、難なくすれ違えるが、初心者マーク未満の私にはもう、恐くて恐くてたまらなかった。バスにぶつかるのではないかと感じた私は、とっさにハンドルを左に切った。ところが、左前方には電信柱があったのだ。危うく車は電信柱にぶつかりそうになり、教官は「俺を殺す気か！」と怒鳴りながらハンドルを右に切った。私には、迫りくる大型バスへの恐怖のあまり電信柱がまったく見えていなかったのだ。

そんな私でも、教習を終え、無事に免許を取ることができた。免許取得から四〇年ほど経ち、今ではほぼ毎日車を運転している。私にとって運転は、呼吸をするようなものでまったく苦にならないし、もう体の一部のような感覚だ。

このように、多くの人にとって初めての車の運転は簡単ではない。しかし、最初は大変でも運転経験を積み、慣れて行けば誰でも習熟して行く。車の性能や交通ルールを無視した無謀な運転をせず、状況に応じた適切な運転を心掛ける限り、もらい事故を除けばそうそう事故は起きるものではない。むしろ、運転に習熟することで油断を生み、それが大きな事故につながることも少なくないものだ。

運転免許証の更新手続きの際には、そのような悲惨な事故を記録した映像を見せられる。あのような映像を見ると、運転技能の未熟さ以上に、慣れや油断は恐いというのがよくわかる。長年車を運転している人ほどこの落とし穴には注意が必要で、常に基本を忘れずに鉄則を守らなければいつか必ず事故を起こす。たとえば、車道を走っていてボールが出てきたとしよう。その場合は、子供が飛び出してくる可能性を考え、ブレーキを踏むのがドライバーの常識だ。このようなことが「鉄則」と言える。交通ルールを含め、このような鉄則さえきちんと守っていれば、たいていの事故は防げるわけだ。

オプション取引も、まったく同じである。しかるべき準備と覚悟をもって臨み、いくつかの鉄則をしっかり守って取引すれば、少なくとも破産に至るような大きな損失は避けられる。そして車の運転と同様、経験を積むことで習熟度が上がり、やがて安定的に利益を上げることができるようになるだろう。

二番　相場は自分との戦い

相場を張るというのは、自分との戦いであると言える。これはオプション取引に限らず、現物の株式投資などでもそうだ。相場を張る人は誰もが「儲かるだろう」と思うからこそやる。私などもそうだが、いざ相場に参加する時につい頭をよぎるのが「捕らぬ狸の皮算用」である。まだ狸を捕まえてもいないのに、「一〇匹の狸を捕まえて、一〇枚の皮を取って、これで五〇〇万円の儲けか……」みたいな夢を見てしまう。欲の皮が張るのだ。その結果、冷静で合理的な判断ができなくなり、大きな損失を出してしまうのである。

欲望ほど恐いものはない。恐怖心にもかられる。特にオプションの価格は市場に動きが出ると、現物株とは比較にならないほど激しく動く。上がると思ってコールを買ったものの、日経平均の急落と共にすさまじい勢いで下落し、損失が拡大して行く恐怖は経験した人にしかわからない。

いざ相場を張ると、自分の思い通りに行かないことは山ほど出てくる。「上がるはず」のものが上がらない。「下がるはず」のものが下がらない。そんなことは日常茶飯事で、経験したことのない投資家はまずいないだろう。その時に、やけっぱちになって机を蹴飛ばしても仕方がないし、泣きわめいても誰も助けてくれない。

もしも相場が理屈、理論の通りに動くのであれば、それらの理屈や理論を徹底的に学べばよいわけだ。しかし、それが通用するのは学問の世界だけであり、実際の相場はそのような努力が儲けに直結するほど甘い世界ではない。相場というものはしばしばアカデミックな経済理論に反して動くもので、経済や金融に関する豊富な知識がむしろ仇になることが珍しくない。相場が自分の予測と逆に動き損失が出た時、「ノーベル経済学賞を取った△△先生のこの理論は絶対に正しい。今の相場の方が間違っているのだ」などと自分に言い聞かせ、慰めることには何の意味もない。むしろ百害あって一利なしだ。

そのような考え方を続ける限り、相場の世界で生き残ることはまずできない。現在の相場こそが現実であり、その意味で相場は常に正しいのだ。この事実を受け入れない限り、相場の技術向上は見込めない。

まさに相場は、欲望と恐怖との狭間で揺れる自分自身との戦いなのである。経済や金融に関する知識は大切ではあるが、それよりはるかに重要なのは高度な精神性と言える。世界的な天才投資家の一人に挙げられるジョージ・ソロスにしても、実際に会うとギラギラした相場師といった雰囲気は微塵もなく、まるで哲学者のような風貌だという。相場に勝つには、いかに精神的な高みに達するかが重要であり、そのための精進が必要なのだ。まさに修行の世界である。

相場を張るというと、投機、ギャンブルという言葉を連想する人が多いと思うが、その域を超えたところに相場の本質があるということだ。

三番　相場に勝つには「歴史に学べ」

市場というのは戦場さながらに残酷なものだ。なかなか自分の思い通りにならない。死ぬほどの努力、勉強をしたにも関わらず報われない。巨額の損失を被り、個人では到底返済できないほどの借金を負い、自己破産に至る。すべて自己責任である。そう言われて「厳しいなぁ」とか「冷たいなぁ」と思う人は、相場を張る資格がない。

このような残酷な市場で生き残り勝ち抜くには、高度な精神性が必要になる。それを身に付けるのに大いに役立つのが「歴史」である。歴史には、相場を張る上で参考になる事象がいくつもある。それらをいくつかご紹介しよう。

まずは戦国時代、織田信長に登場してもらおう。信長は現在の愛知県の一部の領地を治める大名に過ぎなかった。斎藤道三、今川義元、武田信玄、上杉謙信といった武将に比べれば、吹けば飛ぶような存在だった。身なりもピリッとせず、周囲からは「うつけ」（間抜け、馬鹿者）と呼ばれていたものだ。

しかし、彼は単なるうつけではなかった。それは「蝮（まむし）の道三」と呼ばれた美濃の斎藤道三とのエピソードが示している。道三は信長と同盟関係になるため、娘の濃姫を信長に嫁がせる。道三は正徳寺という寺で信長と会うことになったが、対面する前に信長の様子を見ておきたいと、街道沿いの小屋に隠れ、信長の一行を待った。やがて、信長が尾張からやってきた。信長は、まるでどこかのガキ大将のようなひどい格好で道三の前を通り過ぎて行った。道三は「あれはなんだ。噂通り、正真正銘のうつけだ」とあきれた。

ところが、その後、寺で信長と対面した道三は驚く。なんと信長は、先ほどのひどい格好とは打って変わり、見事な正装を纏った姿で現れたのだ。絵に描いたような凛々しい若武者の姿がそこにあった。「どうせ、あの汚い恰好だろう。こちらは平服で十分だ」と会見に臨んだ道三は大恥をかいた。信長は「きっと道三は、どこかで見ているだろう」とわかっていたのだろう。道三は「こいつはタダモノではない」と驚き、信長の才能を見抜いたのだった。

その後、道三は子の斎藤義龍に殺されてしまう。道三は義龍に家督を譲ったものの、冷遇し両者の関係は悪化していた。長良川の戦いで信長の援軍もおよばず、道三は殺される。道三は自分の死に際し、「俺はここで非業の死を遂げるが、お前を本当の息子だと思っている。お前に美濃を譲る」という手紙を信長に遺した。それほどまでに信長は、道三に一目置かれ信頼されていたのだ。

そんな信長が一躍、世に名を馳せたのが「桶狭間の戦い」である。「日本三大奇襲」に数えられる有名な戦いだ。数万人の大軍を率いて尾張に侵攻した今川義元に対し、迎え撃つ信長はわずかに三〇〇〇人程度の寡兵で圧倒的劣勢に立たされていた。信長は築いた砦も潰され、「もはやこれまで」という状況であった。義元は信長など歯牙にもかけておらず、誰もが義元の勝利を確信していた。地元の農民たちも、義元に取り入ろうと酒や食べ物などを次々に差し入れにきた。すっかり気を良くした義元は鎧兜（よろいかぶと）を脱ぎ、酒宴を始めた。どう考えても、信長軍がこの本陣までこられるはずがなかったからだ。しかしこの情報を知った信長は、義元のいる本陣に一気に攻め込む。運も味方した。突然、空から豪雨が叩きつけてきたのだ。激しい豪雨が視界と音を遮り、信長の家臣は義元に気付かれることなく近づき、その首を討ち取ったのである。

見事な奇襲により勝利した信長だが、意外なことにその後、信長は一度も奇襲戦法を行なっていない。相手を大きく上回る軍勢を用意し、どう考えても絶対に負けないという条件が整うまで絶対に戦をしなかった。それが、彼の優れたところだ。あれはたまたま運が良かっただけで、逆の立場であれば自分が滅ぼされていたということをよく理解していたのだ。

実際、桶狭間の戦い以外では、用意周到なエピソードが数多く残されている。

たとえば、武田信玄の死後、子の勝頼に対しては、武田領内に多くのスパイを潜入させて勝頼のことを調べ上げると共に、悪い噂を延々と流し、人心を離れさせた。また上杉謙信に対しては、頻繁に手紙を送ったり所蔵していた「洛中洛外図屏風」を贈るなど、謙信の機嫌を損ねないよう腐心していた。

このような用意周到さも、オプション取引で利益を上げるために絶対に必要だ。オプション取引で利益を上げたいのなら、実際にお金を入れて取引する前に、シミュレーションをしてみることをお勧めする。お金を入れたと仮定して、その後どうなるかをチェックするのだ。このようなシミュレーション取引を一〇〇〇回くらいやるとよいだろう。そして、八割くらいの確率で勝てるようになったら、実際に資金を入れて取引するとよい。

ただし、実際に資金を入れて相場を張ると、そう簡単に勝てるものではない。実際に資金を入れればわかるが、シミュレーションとは心理的ストレスがまるで違うのだ。買い建てのオプション取引の場合、勝率は良くても三割程度だろう。ちょうど、プロ野球の打率のイメージである。三割バッターが一流の目安で、王選手やイチロー選手のような歴史に残る超一流の大打者であっても四割には届かないわけだ。

それでよいのだ。一〇回取引したとして、勝てたのは三回だとしよう。残り七回は負けだ。それでも三回の勝ち（利益）をなるべく大きくし、七回の負け（損失）をなるべく小さくして、トータルでプラスになればよいわけだ。

皆さんは「威力偵察」という言葉をご存じだろうか？　これは軍事用語で、小規模な攻撃を行なうことによって、敵の勢力や装備などを知る偵察行動である。自軍と相手方がお互い三万くらいの軍勢だったとする。その時に、最初に三〇〇人くらいの部隊を前線にぶつけて、敵の兵力がどの程度かを見る。実際に軽く戦ってみるわけだ。威力偵察の結果、これは厳しいとなれば撤退し、逆にこれは行けると見れば一気に本格的な攻撃を仕掛ける。

相場でも「威力偵察」は重要で、プロの投資家は必ずと言ってよいほど実践している。相場の場合は「試し玉」と言う。相場の値動きを確認するために、文字通り「試しに」最小単位の取引を行なうのだ。試し玉に対して、本番の取引で持つ買い建てや売り建てのポジションは「本玉」と言う。まずは試し玉を建てて、分が悪いと見れば反対売買して撤退し、上手く行きそうならまとまった資金を入れて本玉を建てるわけだ。

さて、非常に有能な武将であった信長だが、本能寺の変であっさり命を落とす。信長は家臣に強く当たることもあった一方で、家臣を信用し過ぎるきらいがあったようだ。明智光秀に限って謀反などあり得ないと、疑いもしなかったようだ。戦国の世はまだ終わっていなかったにも関わらず、ほぼ天下を取ったという慢心が油断を生んだのかもしれない。

信長ほどの人物でも一瞬の隙を突かれ、あっけなく命を落とすのである。戦国時代とはかくも恐ろしいものだ。オプション取引も同じで、慢心や油断が命取りになり、一瞬の隙で大損することが少なくない。

信長のすごみは撤退戦にも表れている。信長は浅井家との同盟のため、妹のお市の方を浅井長政に嫁がせた。北近江の浅井領を通過できれば、越前の朝倉家を攻め落とせるというわけだ。一五七〇年、信長は浅井領を通過して、越前の朝倉領へと進軍する。ところが、あろうことか同盟関係にある浅井長政の裏切りの情報が飛び込んできた。この瞬間、織田軍は朝倉軍と浅井軍に挟まれてしまった。これでは、いくら大軍を率いた織田軍でも勝ち目はない。さて、信長はどうしたか？　なんと、全軍を置き去りにして自分だけ撤退したのだ。

その時、殿（しんがり）（軍を撤退させる際、最後尾で追ってくる敵を防ぐ）を任されたのが秀吉である。それまで成り上がりの秀吉は嫌われていたが、「私が殿をやります」と言ったものだから、犬猿の仲だった柴田勝家でさえ、秀吉の手を握り締めて「これが今生の別れ」と声を掛けたという。この時、徳川家康も殿の戦いに参加している。家康は逃げることもできたのに、秀吉と共に戦ったのだ。もしも家康が助けていなかったら、秀吉は死んでいただろう。秀吉は後々、天下を取る際に家康ともめるが、家康だけはどうしても討ち滅ぼすことができなかったのは、その時の恩があったからだと言われている。

こうして秀吉らの殿軍に助けられ、信長は浅井家の支配のおよばない「朽木（くつき）越え」と呼ばれる非常に険しいルートで京へと逃れることができた。信長はこのように追い込まれた時、「すべてを失っても、自分さえ生き残れば立ち直れる。自分が死んでしまっては意味がない」と考え、即座に撤退を決断したのだ。

このような撤退の判断や一瞬の判断もオプション取引には必要である。周到な準備をもって相場を張っても、負けることはいくらでもある。すでに述べたように、勝率はせいぜい三割で負けることの方が多いのだ。負けるのは気が重いが、負けることの方が多いというのが現実である以上、「負け方」を真剣に考える必要がある。

特に重要なのが、「損切り」だ。たとえば、一〇〇で買ったものが八〇になってしまったとする。もしもこのまま下がり続ければ、半値か下手をするとゼロになってしまうかもしれない。それなら二〇の損失を受け入れて八〇で売る。これが損切りで、全滅を防ぐためにもっとも重要な投資の技術である。

損切りは、なかなか辛いものだ。特に私のように負けん気の強い人は損失を出したくないという気持ちが強いので、損切りが難しいのだ。しかし、損切りすべき時には有無を言わさず損切りする覚悟を持たなければ、下手をすると破産の憂き目に遭うことになる。

もう一つ、今度は世界史から相場を張るのに参考になるエピソードを紹介しよう。紀元前四世紀に遠征軍を率いてペルシアを滅ぼし、エジプト、西アジアからインド西部に至る空前の大帝国を築いたアレキサンダー大王（アレクサンドロス）の話である。アレキサンダーの戦いの中でも、世界の歴史を変えたと言われるのが「ガウガメラの戦い」だ。紀元前三三一年、アレキサンダーは東方遠征途上、アケメネス朝ペルシア帝国のダレイオス三世と対決した。

戦いの前日、アレキサンダーは将軍たちを集め作戦会議を開くが、ほぼ全員が戦いに反対した。それはそうだ。この時、アレキサンダー率いる連合軍の兵力は四万人程度、一方のペルシア軍は二五万人もの兵力を擁していた。圧倒的な劣勢は、誰の目にも明らかだった。

それにも関わらず、彼はこの戦いに勝利した。二〇〇四年に製作された『アレキサンダー』という歴史映画があるが、この映画を観ると、彼がどのようにしてガウガメラの戦いで勝利したのかがわかる。アレキサンダーはペルシア軍がどのような布陣でどう攻撃してくるか考え、懸命に作戦を練った。ペルシア軍の兵力は五倍、布陣の長さも自軍より一マイル以上も長かったのだ。圧倒的に不利な状況下、普通の戦い方では到底勝てない。そこで、彼は陽動作戦を仕掛けた。ペルシア軍の騎兵をなるべく多く引き付け、敵の布陣に裂け目を作り、そこから中央にいるダレイオスを直接攻撃するという計画だ。

いざ戦いが始まると、連合軍の前進に応じペルシア軍は連合軍の両翼を攻撃するため進撃した。すると、アレキサンダーは驚くべき行動に出る。騎兵の大半を率いてダレイオスの前線と並行に移動し始めたのだ。一瞬、呆気にとられたダレイオスは、すぐさま本体を残し戦場から離れて行くアレキサンダーを追いかけるよう命じる。追いかけてきたペルシア軍に対し、アレキサンダーの後衛の兵士が応戦した。舞い上がる埃で視界が遮られる中、アレキサンダーは一瞬の隙をつき、ペルシア軍に向かって急反転した。そして、ペルシア軍の左翼とダレイオスのいる中軍の裂け目に突撃したのだ。

左翼がダレイオスから切り離され、ダレイオスは退却した。二五万のペルシア軍は、散り散りになって敗走した。こうしてアレキサンダーは圧倒的劣勢の中で、奇跡的な勝利を収めたのだ。これが「ガウガメラの戦い」である。

これは、知恵を使った攻撃だ。アレキサンダーはガウガメラの戦いに臨むにあたり、敵がどう出るかを読み、それにどう対応すべきかを考えた。そして、なによりもアレキサンダーには人並み外れた度胸があった。誰もが恐れる困難な状況の中でも、最後まで戦い抜く度胸である。この度胸がなければ、若くしてあれほどの大帝国を築くことはできなかっただろう。

この知恵と度胸も、オプション取引には欠かせない。他の市場参加者がどのように考え、市場がどう動くかを読み、どのような売買が最適かを考えることも必要である。また、特に暴落時に相場を張るのは非常に勇気の要ることだが、そのような時に売買できなければ、みすみす大きなチャンスを逃すことになる。ここぞという時には、度胸があるかないかが運命の分かれ道になるのだ。

私は、オプション取引は「戦争」だと思っている。オプションは値動きの幅もスピードも、現物株や先物とは比較にならない。現物株を一とすると、先物が三、そしてオプションは時に一〇〇もの幅とスピードで動く。それが、とてつもない利益や損失をもたらすのだ。まさに「食うか食われるか」である。オプション取引には大きな夢がある一方で、決して甘い世界ではない。このような厳しい世界で勝ち抜いて行くには、多くの教訓と知恵を学ぶ必要がある。そして、それらの多くは歴史の中にあるのだ。

四番 相場に勝つための六つのポイント

相場に勝つために重要なポイントが六つある。一つは精神力だ。相場は良い時ばかりではない。苦しい時や冷や汗が出るような状況も経験することになる。それを乗り越えるには、タフな精神力が必要になる。

二つ目は体力だ。読者の中には定年を迎え、オプション取引を始めようという方もいるかもしれない。体力の低下を感じている方もいるだろう。体力がなく、相場を張っていて疲れてしまうようではダメだ。特にデイトレードのように長時間相場に張り付くには、体力が絶対に必要だ。体力の維持、向上に努めよう。ウォーキングしたり、エスカレーターやエレベータを使わずに階段を使うなど、毎日のちょっとした心掛けでお金をかけずに体力を維持、向上させることはできる。良質なサプリメントを飲むのもよいだろう。

目の健康も大切だ。現在、オプション取引はほとんどがインターネットにより売買される。取引するには、スマホやタブレットなどの画面で細かい文字を長時間見なければならない。そのため、視力も含め目の健康は非常に大切である。取引に集中する時には集中し、そうでない時には目をしっかり休ませ、目の健康を損なわないよう注意しよう。

睡眠不足にも注意が必要だ。オプションには夜間取引がある。夜間取引に参加すると、どうしても睡眠不足になる。日中取引のみに絞る手もあるが、米国の株式市場に大きな動きが出たりすると、日本の夜間取引で相場が大きく動くことが珍しくない。夜間取引には日中取引にはない魅力があるわけだが、毎晩徹夜で夜間取引をやっていては身体がもたない。取引する時間帯を決めるとか、ここぞという時のみ夜間に取引するというようにしないと身体を壊す。まずは、睡眠不足にならないように気を付けることが大切だ。ただ、ここぞという時には、多少の睡眠不足にも耐えられる体力が必要になる。

三つ目は経験だ。やはり、経験を積まなければダメだ。そのためには、まずはお金を入れずにシミュレーション取引をやってみることだ。取引に十分習熟し、利益を上げられるようになったら、初めて実戦である。最小単位の一枚だけ売買してみる。その後、実戦に慣れるに従い、少しずつ取引枚数を増やして行くのである。とにかく、経験を積むことだ。経験を積めばいろいろなことがわかってくる。相場には「習うより慣れろ」という面が多分にある。

一方で、どれほど豊富な経験を持つ人でも、一個人の経験には限りがある。その点でも歴史を学ぶことは有効だ。歴史には、私たちの祖先がやってきたすべての経験が含まれているからだ。

四つ目は技量、技術だ。相場で利益を上げるのにもっとも重要なものは何かと問われれば、「予測をいかに的中させるか」と答える人が多いのではないだろうか。未来を正確に予測することができれば、確実に儲かる。しかし、予測を一〇〇％的中させることなど人間には不可能である。確かに予測の精度を上げる努力は大切だが、そこに全精力を傾けても相場で勝つことはできないだろう。どれほど有能な人であっても、予測は外れることがある。と言うよりも、むしろ外れることの方が多いくらいだ。

すると、重要になるのが予測に頼り過ぎないことだ。予測が外れた場合にどうするか？　といった視点で相場と向き合うことである。その際に問われるのが、相場に関する技量だ。技量を上げるために、売買の技術を磨くことが重要なのだ。予測が外れた場合にもっとも重要な技術が「損切り」であるが、損切り一つとっても非常に奥が深い。ただ闇雲に損切りすればよいわけではない。どのポイントで損切りするかで、損益やその後の展開が大きく変わってくる。

たとえば、値上がりを予想しある銘柄を一〇〇で買ったとする。値下がりに備え、損切りのポイントを九五に決めたとしよう。この場合、損失はわずか五％ですむが、わずか五％の下落で損切り注文にヒットするわけだから、損失を被る確率が高くなるわけだ。その後、相場が大きく上昇したら、せっかく予想が当たったのに損するはめになる。

では、損切りのポイントをより低く、七〇に設定したらどうだろうか。今度は、相場が三〇％下落しなければ損切り注文にヒットしない。それだけ損失を被る確率は低くなり、利益を上げるチャンスも増える。しかし、たまたま急落に巻き込まれたら損切り注文にヒットし、三〇％もの大きな損失を被ることになるわけだ。損切り以外にも多くの売買技術があるが、技術を身に付ければその分技量が上がり、収益にもつながる。

五つ目は知識だ。相場やオプションに関する知識を深め、身に付けることである。日経新聞をはじめ、日頃から様々な情報に触れ、世界経済の状況をつかみ今後のトレンドを考えることだ。外れても構わないので、自分なりに短期・中期・長期の予測を立ててみるのだ。

このような訓練を積んで行くと、少しずつ経済の流れを感じ取れるようになるし、予測の精度も向上するだろう。先ほど申し上げたように、予測には限界があるが、それでも予測の精度が高い方が有利になるのは言うまでもない。

六つ目は道具だ。「オプションは戦争だ」と申し上げたが、その意味で道具とは、すなわち武器ということだ。武器、兵器の性能が悪かったら、戦争には絶対に勝てない。太平洋戦争時の日本軍がよい例である。

太平洋戦争で日本軍は「三八式歩兵銃」という銃を使用した。一九〇五年（明治三八年）に陸軍に採用されたものである。そんな古い銃を使ったのだ。片や米軍は「自動小銃」である。勝てるはずがない。挙句には、竹槍で米軍に立ち向かおうというのだから正気の沙汰ではない。

その点、明治維新や日露戦争は対照的である。戊辰戦争では薩長連合軍が最新鋭の銃を使い、幕府軍は旧式の銃を使っていた。この武器の違いが勝敗に大きな影響をおよぼした。日露戦争では大国ロシアに勝つために戦費を惜しまず、武器や装備に十分なお金をかけた。戦艦三笠を含め、当時日本軍が保有していた戦艦は世界でも最新鋭のものだった。無線通信機も、世界トップレベルのものだった。火薬も「下瀬火薬」という爆発力のある火薬を揃えた。このような優れた武器や装備を整えたことが、日本が勝利した大きな要因である。

オプション取引についても、優れた道具を揃えなければ勝つのは困難である。現在はネット取引が主流だから、リアルタイムで価格変動を見ることができ、直ちに発注、約定できる環境を整える必要がある。

取引にはスマホを使うのか、タブレットを使うのか、それともパソコンを使うのか？　インターネット回線は何を使うのか？　さらには、停電時の対策やバッテリー切れに備えてモバイルバッテリーを用意しておくなど、優れた道具を常に利用できるようにしておくべきだ。

五番　要は、すべてタイミング次第

オプション取引をやるのに最低限の知識は必要だが、専門書に出てくるような難解な理論まで知る必要はない。そのようなことは学者に任せておけばよい。

要は、すべてタイミング次第であり、買うべき時に買って決済すべき時に決済するというだけだ。

勝負のやり方は主に二つある。一つは小さな波を取るやり方だ。デイトレーダーのように、取引を始めたその日のうちに決済したり、あるいは長くても二、三日中には決済する。もう一つは、大きな波を取るやり方だ。これは、一年から三年に一回あるような大きな相場変動で資金を何十倍、何百倍にするというものだ。前者は年金代わりに月三〇万円稼ぐ方法で、後者は暴落時の一発狙いで大きく儲ける方法である。両方やってもよいのだが、いずれもタイミングをいかに上手くつかむかがポイントになる。

オプション取引で儲けるための格言

相場の世界には、昔から数多くの格言がある。それらの格言には先人たちの知恵が詰まっている。私が独自に考えたものも含め、いくつか取り上げよう。

格言① 夜中指値は命取り

夜間取引で寝る前に指値注文を入れたとしよう。朝起きると、その価格で約定したのはよいが、価格が思いの外さらに大きく下がっていることがある。寝ている間に大きな損失が出てしまうのだ。それを防ぐためには、決済するまで起きている必要があるのだ。

格言② 捕らぬ狸の皮算用

決済せずに未実現の利益を見て喜んではいけない。利益を確定して初めて儲かったと喜ぶべきである。

格言③ すべての卵を一つのバスケットに入れるな

一つのバスケットにすべての卵（資産）を入れると、バスケットを落とした時、すべての卵が割れてしまう可能性がある。だから、複数のバスケットに分けておきなさいということだ。分散の大切さを説く、非常に有名な格言である。

格言④　相場の金と(かね)と凧の糸は出し切るな

凧の糸を出し切ってしまうと、突風が吹いた時に対処できなくなる。相場を張る場合も余裕資金を残さず目一杯つぎ込んでしまうと、不測の事態や売買のチャンスに対応できなくなる。資金を使い切ってしまえばおしまいだ。もうそれ以上、取引を続けることはできない。オプション取引の場合は特に集中投資は厳禁である。下手をすると全滅してしまう。オプション取引では、資金を小出しにすることが大切である。

資金を一度に使い切ってしまうようなことは絶対にせず、たとえば資金を二〇分の一ずつ分けて投資するなど、小出しにして決して大損しないように心掛けるべきである。

格言⑤　原稿より健康

私が新聞社に勤めていた頃、記者やカメラマンが言っていた心掛けだ。この世で一番大事なものは「健康」である。頭脳も明晰でなければ、オプションのような動きの激しい投資にはついて行けない。

格言⑥　塵（ちり）も積もれば山となる

日本の株式市場では土日祝日は休みだから、一ヵ月で大体二〇営業日となる。一日一万五〇〇〇円オプションで稼げば、月の利益は三〇万円になる。年金を当てにせずに老後は十分暮らして行ける。一日一万円でも月の利益は二〇万円になるから、なんとか生活できるだろう。とにかく、地道にコツコツ稼ぐのがなにより大切である。

格言⑦　働き一両、考え五両、見切り千両、無欲万両

上杉鷹山が残した有名な言葉だ。（何も考えず）ただ単に働くのは一両、考えて動くのは五両、損失が少ないうちに見切りをつけるのは千両、無私無欲には万両の価値があるということだ。特に、「見切り千両」は損切りの大切さを説く非常に有名な相場格言である。

格言⑧　頭と尻尾はくれてやれ

大底で買い、天井で売れば利益は最大になる。それが理想ではあるが簡単ではない。タイミングを狙い過ぎると、結局は買い時を逃し、売り時を逃すことになる。だから、あまり欲張らず、頭（相場の天井）と尻尾（相場の大底）は捨てなさいということである。

格言⑨　勝って兜の緒を締めよ

相場を張っていると、たまに勝ちが続き、面白いほど儲かる時があるものだ。ついつい気が緩み、慢心から資金管理が甘くなり、今度はとんでもない大失敗をするというのもよくある話だ。上手く行っている時ほど、気を引き締める必要があるのだ。

逆に、負けが続き損失を出し続ける時もよくある。ついつい熱くなったり、損失を取り返そうと焦って売買しがちだが、そのような時にはしばらく売買しないのも有効だ。まずは冷静になり、流れが変わるのを待つことである。

格言⑩　人の行く裏に道あり花の山

これはおそらく、もっとも有名な相場格言だろう。多くの人が花見に行く場所より、多くの人が知らない場所に行けば花の山をゆっくり楽しめる。相場においても群集心理に傾きがちであるが、それでは大きな利益は望めないし、相場は多くの人が考えるシナリオと逆に動くことが珍しくない。その意味で、むしろ他人とは反対のことをやった方が上手く行くことも多いものだ。

格言⑪　もうはまだなり、まだはもうなり

市場参加者の多くが「もう、そろそろ底だろう」と思った時には意外とまだ下値があったり、「まだ、下がるだろう」と思った時にはもうすでに底を打っているということがよくあるが、それを簡潔に表した相場格言だ。思い込みの恐さを戒める名言である。

オプション取引で儲けるための鉄則

鉄則①	無欲の悟りの心境を保ちつつ、冷静に相場に入る（最初は５枚など、少ない枚数で様子を見る）。
鉄則②	大きな建玉を持ったまま、就寝しない。朝起きたら、大きな含み損を抱える可能性がある。必ず決済してポジションをゼロにして就寝する。
鉄則③	飛び付き買いをしない。下落を待ち、たとえば５枚ずつじっくり買い進める。相場が動かない時は、現在値の２円安い価格で指値注文を入れ、約定できるのを待つ。
鉄則④	真夜中（午前２～３時）や早朝（午前４～５時）など、頭が冴えていないうちは、慌てて取引しない。現在値の１円か２円安い価格で５～10枚程度指値注文を入れ、じっくり様子を見る。
鉄則⑤	ＳＱ目前の６営業日以内で、相場つきが悪い時は価格がどんどん下がるので、一切手を出さない。相場が落ち着いてから翌月物に乗り換える。

オプション取引で儲けるための鉄則

鉄則⑥	先延ばしは絶対にしない。特にあらかじめ決めた損切りのルールは必ず守ること。
鉄則⑦	特に金曜日は時間的価値の低下に要注意。オプションの価格は時間が経過するほど下落しやすくなる。
鉄則⑧	複数のポジションを持っている場合、損切り（決済）は損失額が大きい方からやる。
鉄則⑨	まずは自分の性格（長所と短所）をきちんと把握する。自分の性格を十分考慮した上で、取引スタイルやルールを決める。
鉄則⑩	今日一日投資する上限額を絶対に守る。損失の拡大に歯止めをかけるために一日に投資する上限額をあらかじめ決めておく。

オプション取引で儲けるための鉄則

鉄則⑪	自分の守るべき鉄則を自宅の寝室・書斎・トイレにコピーして何枚も貼る。なるべく多く目に付くようにして、頭に叩き込む。
鉄則⑫	スマホやタブレットは必ず二台用意する。デイトレード・スタイルのオプション取引はスピード勝負。一台は値動きや板情報（市場全体の注文状況を表示する画面）を見るため、もう一台は売買注文用。値動きや板情報を見て、チャンスと見ればもう一台で瞬時に注文する。
鉄則⑬	傍らにＡ４のメモ用紙を置き、必ず取引の詳細をメモする。取引の詳細は証券会社の取引画面でも見られるが、メモを取ることで取引状況を頭の中で整理するのに役立ち、その分、取引に集中できる。
鉄則⑭	スマホやタブレットの操作に習熟する。スピード勝負のオプション取引において、機械の操作に手間取るようではお話にならない。
鉄則⑮	まずはお金を入れず、シミュレーション取引を行なう。取引に十分習熟してから実戦に入る。

オプション取引で儲けるための鉄則

ここまでオプション取引に勝つための心得や格言についてお話ししたが、最後により技術的な鉄則について二二五ページから二二七ページまでの表にまとめておいた。他にもあなたが重要だと思えることがあれば、それもご自身の「鉄則」として加えるとよい。それらの鉄則を頭に叩き込むことで、オプション市場という戦場での勝利を近づけることができる。

第六章

他人がうらやむ
華麗なる六五歳を迎えよう！

天は自ら助くる者を助く

（フランクリン：米国の政治家・科学者）

公的年金はあてにしない。自分で老後資金を稼ぐ

「デイトレ・ポンちゃんの一日」から始まった本書の内容は、いかがだったろうか。確実に言えることは、まず第一に日本国の借金は世界の主要国中、最大最悪であり、もうこれを返せるアテはないということ。金利が異常に低いからなんとかもっているだけで、もし金利が上がったら一気に破綻し、円と日本国債は間違いなく紙キレになる。しかも、金利が永遠にこのように低いということは歴史的にもあり得ないことで、必ずいつかは上昇してくる。それは、二〇三〇年頃のことだろうか。あるいは、もっと早いかもしれない。

第二に、日本の少子高齢化はもう誰にも止められないということ。これは、日本国の長期戦略が人口に関してまったくなかったということを意味する。今から何か手を打っても基本的に焼け石に水で、今後高齢者はますます増え、二〇三五年頃には「金(かね)をくれ‼」という老人ばかりになる。まさに〝日本沈没〟

である。しかもアベノミクスはその本質をよく見ると、〝その場しのぎの延命策〟にしか過ぎず、今はいいが将来とんでもないツケが私たちの老後に降りかかってくることがわかる。その時慌てふためいても、もう遅い。

国が破産すれば年金の支給額はさらに減らされ、しかも円の価値が暴落すれば（最悪の場合、ハイパーインフレがやってきて円は文字通り紙キレとなる）、年金の価値は限りなくゼロになってしまう。二〇三五年には、今の価値の三分の一から一〇分の一になってしまうかもしれない。実際、ソ連崩壊後のロシアでは、国家破産によるハイパーインフレによってお年寄りの年金も紙キレと化し、無数のおじいさん、おばあさんが絶望して自殺して行った。

しかし、私たちは絶望する必要はない。少なくともあなたは本書を読んだのだ。打つ手はある。そしてまだ時間的余裕も五、六年はある。「天は自ら助くる者を助く」という。将来をただ嘆いたり、国の悪口を言っていてもなにも始まらない。まず自らが動き、実行すべきである。

その時、一つ心にとめておいてほしいことがある。オプションをやるという

私たちの日本国が向かっている未来は“日本沈没”なのか !?　年金がもらえない（あるいは価値が下がる）状況では、高齢者は死活問題に直面することになる。

ことは、相場（市場）に自らの大切なお金を突っ込むということだ。相場は戦場であり、一種の戦争に参加するようなものである。その戦争で勝つためには、武器と戦略が必要となる。第五章でも例にあげたが、約一一五年前の日露戦争を思い出していただきたい。

あの時、日本海軍はロシア海軍を叩き潰すために、当時としては世界最新鋭の戦艦とハイテク通信機を大金をはたいて買い揃えた。そして、ロシアを凌駕する戦略と戦術を携えて日本海海戦に臨んだ。その結果、見事バルチック艦隊を全滅させた。皆さんも、オプションという最先端の武器とｉＰａｄなどのハイテク兵器を駆使して、老後資金を大いに稼いでいただきたい。

そのためには、戦略と戦術、そして基本的知識、さらに武器であるｉＰａｄ、スマホなどの使い方をキチッと学ばねばならない。そこで、初心者にも懇切丁寧に対応しその基本をすべて教える「デイトレ集中セミナー」を開催することとなった。希望者が殺到する可能性があるので、お早目のお問い合わせをお願いしたい（二五八ページ参照）。

世の中はすべて、やり方次第である。どんな時代にも資産を殖やす人はいるし、世の中が逆境にある時ほどチャンスということもできる。昔から「資産家は恐慌時に生まれる」とされてきたが、まさにその通りで、大変な時代には多くの人々が資産を減らす一方で、一部の賢い人々は逆に大きく資産を殖やすことができる。それはまさに、壮大な「サバイバル・ゲーム」だ。

私自身の体験で言えば、一九九〇年のバブル崩壊時に毎日新聞の一介のカメラマンに過ぎなかった私は、預金残高はたったの二〇〇万円しかなかった。それをバブル崩壊という大逆回転のトレンドを逆手に取って、二〇年ほどで一〇〇〇倍近くに殖やすことに成功した。やれば誰にでもできるのだ。危機こそ、チャンスである。

かつて古代の詩人エウリピデスは、「危険は勇者の目には太陽のように光輝く」という有名な言葉を残したが、このまま行けば年金が失くなってしまう時代にオプションによるデイトレ戦法は、まさにシルバーにとって光輝く希望の星となることだろう。年金分（月三〇万円）を稼ぐだけでなく、一年に一度は起こる日経平均の暴落や急騰を当てることができれば、オプション価格は一〇倍から数十倍になるため、その資金でかなりリッチなシルバーライフを送ることだって可能だ。まさに〝人も羨む老後〟である。

あとは、いかにオプションにまつわる知識を身につけ、技とコツを修得するかだ。努力と鍛錬を積み重ねれば、夢は必ずや叶うことだろう。ぜひ本書の内容を最大限に活用されて、誰もが羨む六五歳になっていただきたい‼

二七年前、オプション取引との出会い

最後に、私がどうやってオプションに出会ったたか、その劇的ストーリーを紹介して、皆さんへのはなむけの言葉としたい。

今から二七年も前のことである。一九九二年(平成四年)がどんな年だったか、覚えておられるだろうか。実は、日本と私たちの運命を変えたバブル崩壊というのは、一九九〇年の株の大暴落から始まったのである。日経平均は八九

年年末の約四万円（正確には一二月二九日の終値ベースの最高値三万八九一五円）から一挙に下がり始め、暴落と戻しを交互に繰り返しながら徐々に上値を切り下げて行った。その間、小康状態という比較的穏やかな時期もあった。そして一九九二年の春頃から、再びすさまじい暴落（まさに雪崩のような）が始まったのである。投資家は打ちのめされ、証券会社は悲鳴で溢れ、新聞や雑誌には「日本そのものが潰れる」「日経平均はこのままでは一万円を割り込む」そして「金融恐慌がやってくる⁉」という悲観論が溢れた。

コトの重大さに気付いた私は、いよいよあの人に聞くしかないかなと思い始めた。その人物とは、株式評論家の浦宏氏である。もう大分前に亡くなっているので、今では知る人もいなくなってしまったが、とんでもないじいさんだった。なにしろ、あの九〇年二月からの株の暴落を事前に予想し、雑誌にもはっきりと書いていたのだ。その雑誌とは、『週刊文春』のことである。一九九〇年の元旦号から始まった「浦宏の株式教室」（正確には覚えていないが、そのような名前だったと記憶している）で、「株は年明け早々から前代未聞の大暴落トレンドに入る‼」と予言していたのだ。

あとでそのことを知った私は、驚愕すると同時に元旦号の〆切り日を『週刊文春』の編集部員から聞き出した。すると、一二月の二四日のクリスマス・イブであるということがわかった。まだ日本の株は、最後の棒上げ状態にあった時のことである。日経平均が天井を打つのは、その数日後の八九年一二月二九日のことだった。その日は、奇しくもその年の最後の場立ちの大納会の日であった。ということは、浦宏は暴落の直前（しかも、まだ株が上がっている最中）に正確に予測を当てていたことになる。

私は、なんとしてもこの相場師に会いたいと思った。好都合なことにこの当時（九一年頃）、私はある人物と組んでバブル崩壊の取材をしていた。その人物とは、日本の大手ＴＶ局ＴＢＳの有名なプロデューサーで、今でも日曜日の朝にやっている『関口宏のサンデーモーニング』なども手掛け、ＴＢＳ内でもかなりの力を持っていたＪ氏だ。実はこのＪ氏、以前信用取引で大損していてその損を取り返そうと躍起になっていた。そこで、たまたまバブル崩壊後のトレンドを書いた私の著作を読んで、私に接触してきたのだ。

そこで二人で話し合って、今後のトレンド予測の参考になりそうな人物を多数選び出し、その中から本当にこの人は役に立つという人物にだけ白羽の矢を立てて会いに行った。その中での最重要人物が、この浦宏だった。

しかし、浦宏は会ってみるとなかなか気難しい人で、しかも容貌はまさに妖怪そのものだった。映画『スターウォーズ』の第二作目に出てくる巨大ナメクジのようなジャバ・ザ・ハットという化け物がいるが、ウリ二つというくらいよく似ていた。体も巨大で、まさに「相場界の化け物」と言ってよかった。

だが、相場だけはよく当てた。実際、九〇年二月からのあの株大暴落も直前に公表して見事当てていたのは彼だけだった。宮崎県出身のこの大物相場師は、強い酒がなによりの好物だった。しかも大のわがままで、『ルイ13世』が飲みたいと子供のように私にねだるのだ。『ルイ13世』はブランデーの最高級品の一つで、当時はデパートくらいでしか売っておらず、一本一八万円くらいした。今は格安店も多くあるのでもっと安く買えるかもしれないが、当時はどこも定価だった。毎日新聞の写真部に勤務して安月給だった当時の私には、まさに目が飛び出るほどの高級品だった。貯金を取り崩しては、何本先生の自宅へ持って行ったことか。ましてやその値段などは、女房には内緒だった。

そして、いよいよその九二年がやってきた。「もうこれは、浦宏に聞くしかありませんね」とJ氏と相談してご自宅へ押しかけることにした。確かそれは、七月末の暑い日だったと覚えている。セミの声が激しかったのが今でも耳の奥に残っている。例の『ルイ13世』を大事に抱えながら、私たちは先生宅のドアを叩いた。クーラーのよくきいた応接間で浦宏は私たちを待っていた。「先生、大変なことになってきましたね。雑誌の中には日本自体が潰れるとさえ書いているところがありますが。今後、本当にどうなるのでしょうか」。

「うーん……」。浦宏はブランデーを舐めながら、私たちの質問には答えずに目をつぶったまま何かを考えている様子だった。私たちも必死だった。「このまま本当に株は一万円を割ってしまうのでしょうか」。食い下がる二人の姿などどこにもないように、妖怪氏はずーっと目をつぶったままだった。

そして五分くらい経ったろうか、突然かっと目を見開いたかと思うと、トンデモないことを言い始めた。「日経平均はお盆明けから大反発する!!」。私たちは思わずのけぞった。そんなことは他の誰も言っていなかったからだ。日経新聞も日経金融新聞も「底なしの下落」というような表現を使っていた。私たちは言葉にこそ出さなかったが、「そんな馬鹿な!!」と心の中で叫んでいた。白昼にお化けを見たような心境で、挨拶もそこそこに呆然とした面持ちで先生のご自宅を辞去した。

帰りのＴＢＳのハイヤーの中は大騒ぎだった。Ｊ氏と私は「信じられないですよねー」。「本当かなー」。「もしそんなこと起きたら、それこそ日本中が大騒ぎになりますよねー」。興奮冷めやらぬ状況で、赤坂のスシ屋に着くまで車中は大騒ぎだった。スシ屋で冷酒と生ビールでのども潤ってくると、少し冷静になった脳で考えてみることにした。「ここまで下がれば、確かになにかキッカケさえあれば大きく反発しても不思議ではないな」。「しかし、そのキッカケとはなんだろう」。

それから三日間ほど、私は東京・竹橋の毎日新聞東京本社で仕事をしながら暇を見つけては調査部に潜り込んで、大恐慌時のニューヨークダウのチャートやら一九九〇年以来の日経平均のチャートやらを引っ張り出してきては「ウーン」とうなりながら頭を抱えながら独り言を言っていた。周りの調査部員たちは、「どうしたんだ⁉」と不思議に思っていたに違いない。

そして三日目、いよいよある結論に達した。「やはり浦先生の言う通り、もう間もなく日経平均は大反発するだろう」と。

私に「オプション」を教えた相場師

そこで私がとった行動は、かねてから注目していた仕手系銘柄三つを大底付近で買うことだった。つまりは、現物株投資だった。そして、いよいよ夏休みが終わってお盆明けのタイミングがやってきた。なんと、日経平均は浦宏の予言通り、八月一八日頃から見事大反発したのだ。一万四三〇〇円を底に、わずか三週間で五〇〇〇円上昇という歴史的大相場となった。率にして三五％という大変な上がりようだった。新聞、雑誌はまたしても大騒ぎとなった。しかしこの大反発には、実は裏があったのだ。そのことについては、あとでお話ししよう。

ところで、私の現物株投資はどうなったのか。当時毎日新聞に勤めていて安月給だった私には大して余裕もなく、三〇〇万円を投資して三〇％株価が上昇したため〝九〇万円の利益〟が出た程度だった。しかし、サラリーマンだった私にとっては大きな成果だった。

そこで、私はもう一人の大物相場師X氏のところへ自慢話をかねて報告に行った。X氏は当時五〇過ぎ。「オレの名前は絶対出すな」という人物で、ここでも実名は伏せてX氏ということにしておく。なかなかのすご腕の相場師で、どうやって当てるのかは謎だったが相場の天井と底をピタリと当てるのだ。

そうした天才に応々にしてありがちだが、やはりかなり変わった人で気難しいところがあった。それにとんでもない酒乱で、夕方にでもご自宅へ伺おうものなら、奥の方から「オーッ、浅井がきたか。早くあがって一杯やれっ‼」とどなり声が聞こえてくる。東京板橋区の大和町という下町に住んでいたが、家もボロ家だった。X氏の後ろに書棚があったが、大変不思議なことにチャートブックや株の専門書などという類いの本は一切なかった。あるのは哲学書や旧約聖書、論語、古事記、歴史書などであった。そのことを問いただすと、「こういう物を読まないと、相場も当てられないんだよ」という返事が返ってきた。

なにしろ、奇人だった。しかも先ほど言った通りの酒乱で、あるレベルを越すと手が付けられなくなる。奥さんが「あなた、そろそろにしたら」というのだが、まったく言うことをきかない。ある時など、私の答え方が気に食わなかったのか、X氏は飲みかけのぐい呑みを私目がけて投げ付けてきた。私はとっさに上体を傾けて酒が入ったままの盃をかわしたが、すぐ後ろで粉々に砕け散った。相場師というよりも、映画に出てくるヤクザの親分のような人だった。

九二年の九月中旬、あの大反発が終わって相場がひと段落した頃に、私は板橋区のX氏のボロ家に伺った。やはり、いつものようにすでに酒が入っていたが、どういうわけかその日は上機嫌だった。そこで例の話を持ち出した。もちろん、浦宏のことは一切言わなかった。
「いやー、実はあの八月お盆明けからの大反発にうまく乗りまして、現物株で三割の儲けを出すことができました」。「大したもんじゃないか」。ところが、その後のX氏の表情は意味深長なものだった。盃を手に私の目をのぞき込むようにしながらニタニタと薄ら笑いを浮かべている。「Xさん、何かおかしいですか。私の顔に何かついていていますか」。「アハハハハッ。いやー、オメェーも〝残念な投資家〟だなーと思ってよ」。「えっ、どうしてですか。もちろん額としては大したことないかもしれませんが、三週間で三割も儲けたんですよ」。「バカヤロー、オメェーは〝オプション〟てやつを知らないだろう。あの三週間で一〇〇万円を四億にしたやつがいるんだよ‼」。

　私はのけぞった。まず、その数字が間違いだと思った。「先生、四〇〇万円の間違いでしょ⁉」。「イヤ、本当に四億円だ。日経平均オプションで本当に四〇〇倍になったんだよ。どうもその男は、ある特殊な情報源を持っていたらしいがネ」。私は最初、その話をガセネタ、つまりウソだと思った。いくらなんでも元手が一〇〇万円で、その後、日経平均が三五％上がったからといったって四〇〇倍になるはずがない。

私は確かに、日経平均オプションの存在と名前はすでに聞くだけは聞いて知ってはいた。九〇年からの日本市場の大暴落で米系証券のソロモン・ブラザーズがその下げの仕掛けを作って大儲けしているというのは、私が集英社の『月刊プレイボーイ』のすご腕編集者・中村信一郎と組んで世に発表した大特ダネで、九〇年に『月刊プレイボーイ』と『文藝春秋』に掲載していた。

その中に、ソロモン・ブラザーズが先物（特に先物と現物とのサヤをとる裁定取引）とオプションの取引で莫大な利益を出しているという項目があったので、オプションというものが存在するということは知っていた。しかし、それが本当にどういう代物で、どうやって取引するのかということはまったく知らなかった。

第三章でも述べたように、日経平均に関わる商品には三つのものがある。第一が「現物」で、これは日本経済新聞が選んだ日本を代表する二二五銘柄の平均値だ。それに対して「先物」がある。これは、現実には存在しないもので人工的に作ったデリバティブ（金融派生商品）と呼ばれるもので、東京ではなく大阪証券取引所（当時）に上場されている。

そして、先物のさらに先に「オプション」という日本人になじみの薄いデリバティブ（金融派生商品）が存在する。オプションは先物同様、大阪証券取引所（当時）に上場されている。このオプションは、現物を「火縄銃」、先物を「機関銃」とすれば、現代の精密誘導兵器である「ミサイル」に匹敵するもので、時と場合によってはすさまじい威力を発揮する。

そこで、先ほどの三週間で四〇〇倍の話に戻ることにしよう。実は、日経平均のオプションの一九九二年九月物（九月の第二金曜日が清算日）「コール」（オプションの日経平均が上がれば儲かる方の商品）の一万七〇〇〇円は、八月一七～一八日頃最低価格の五円かゼロ（価格がゼロになることを別の言い方で「溶ける」という）になっていた。したがって、五円で買うことができたのである。株と違ってオプションは一枚、二枚という言い方をするので、そのオプションをその時点で一枚買おうとすると一枚×五円×一〇〇〇倍となって五〇〇〇円となる。手数料は考えないとすると、一〇〇万円分買う場合は五〇〇〇円×二〇〇枚となるわけで、その頃の取引高から見て簡単に買える数量である。

そして、日経平均自体は八月一八日を境に大反発し三週間で五〇〇〇円も上昇したわけだから、一万四三〇〇円→一万九三〇〇円くらいまで行ったことになる。コールの一万七〇〇〇円から見て一万九三〇〇円は二三〇〇円も上であり、コールの価格も二〇〇〇円くらいかそれ以上になったのは間違いない。

このように、一九九二年の九月物コール一万七〇〇〇円は、五円が二〇〇〇円になったのである。つまり、倍率にして四〇〇倍である。ということは、八月一七日か一八日にそのコールを一〇〇万円分買った男は、本当に四億円を手に入れたのである。

X氏はその後、何回目かの自宅訪問の時にこの件についてのオフレコ情報を私にささやいた。「このことは絶対に他人に言うなよ」——それから二七年も経っているのでここに書いてもよいだろう。その四億円の男とは、ある政治家の秘書だというのだ。個別株だとインサイダー取引という恐ろしい話がついてまわるが、日経平均自体は株価操作が不可能なため、オプションでいかに儲けようが当局からインサイダー取引で疑いをかけられたり、逮捕されることも一切ない。それが政治家だろうが政治家の秘書だろうが、一切関係ないのだ。

この話には後日談がある。例の九二年八〜九月にかけての五〇〇〇円上昇という普通はあり得ない株価大変動の裏には、とんでもない仕掛けがあったのだ。実は、株価の下落を憂慮していた政府中枢はついに歴史的決断をした。のちに新聞をにぎわすことになる「ＰＫＯ」だ。自衛隊が海外で行なうＰＫＯは平和維持活動（ピース・キーピング・オペレーション）だが、この株価におけるＰＫＯは「株価維持作戦」のことで、英語ではプライス・キーピング・オペレーションとなる。つまり、郵貯や簡保のお金を株に大量投入して日経平均を買い支え、恐慌を防ごうという政府主導の前代未聞の大作戦だ。

それをその年の夏のある日、富士山の麓の河口湖の別荘で当時の竹下元首相と野村証券トップの大田淵が密談をし、その大作戦を決めたという。前出のある政治家の秘書は、その情報を知ってオプション取引をやったのだと推測できる。その政治家秘書氏の巧妙というか賢明な点は、個別銘柄と違いオプションにはインサイダー取引の疑いを持たれないことを知っていたことだ。

この日経平均オプションは、バブル崩壊の九〇年から見て二年ほど前に日本市場に米国の圧力の下に導入されたもので、そのオプションと先物を使ってソロモンは四兆円も稼いだわけだから、ある意味で米系証券会社ソロモン・ブラザーズと米政府当局とは、どこかでつるんでいたのかもしれない。

いずれにせよ、オプションはすでに日本に三〇年も存在するというのに、日本人のほとんどがその存在もそのすさまじい性能も知らず、ましてや証券マンですらその中身を知っている人はほとんどいない。

ちなみに、先ほどの三週間で一〇〇万円を四億円にした男の話だが、当時はオプションの最低価格は五円だった。その後制度が変わり、今は一円となっている。そのため今、九二年八月と同じ大反発が起これば一円で買えていたはずで、それが二〇〇〇円になるわけだから、四〇〇倍ではなく二〇〇〇倍となるわけだ。今なら投資した一〇〇万円は、わずか三週間で二〇〇〇倍の二〇億円になっているということだ。

あなたもオプションで大富豪になれる！

私はそれ以来二七年間というもの、このオプションの研究を続けてきたわけだが、川上明氏という天才チャーチスト（チャートの専門家）と出会ってまた運命が変わった。彼は、カギ足という江戸時代から伝わる特殊なチャートを自在に操る相場の専門家で、私と彼の両方のノウハウと知識とカンが合体することですさまじい威力を発揮することがわかった。そこで、今までにない特別な投資クラブである「オプション研究会」を発足した。さらにデイトレのやり方を学べる「デイトレ集中セミナー」の開催も決めた。

オプション取引は、夢のある取引だ。リスクを限定しつつ、数年に一度という大チャンスをものにできれば元手を一挙に数百倍に殖やすことができる。また、確実に前進するカメのようにしっかり収益が得られそうな時のみオプション取引を実行し、年に二〜二・五倍殖やすだけで一〇年で一〇万円を一〇億円に殖やすことも可能だ。

オプションはサラリーマンやＯＬが資産家になれる有力なノウハウであり、また小金持ちが大富豪へと飛躍できる夢の手段でもある。オプションを一生かけて研究して最大限に活用し、自分の手足とすることができれば、あなたの老後はまさに光輝くものとなるはずだ。オプションこそ、夢を実現するための〝伝家の宝刀〟なのである。

そして、老後の年金分を稼ぐには理想的な手段と言ってよい。退職して死ぬほど時間はあるし、やる気さえあれば二、三ヵ月でやり方をマスターできる。コツさえつかめば、月三〇万円稼ぐのは十分可能だ。国をアテにできない時代がやってくるのならば、自らの年金は自らの力でつかみ取ろう！　たくましいシルバーとなって、他人がうらやむ素敵な人生を送ろう。ポンちゃんに続け！

エピローグ

株は世につれ、世は株につれ

（相場の格言）

オプション取引でつかんだ夢と幸せ

デイトレ・ポンちゃんは、実は歴史が三度のメシより好きである。特に、戦国時代や幕末といった動乱期の人物群に大いに興味を持っている。

最近、オプション取引をしながら、フトこんなことを思った。「もし、坂本龍馬や織田信長が現代に生き返ったら、このオプションを絶対にやっているだろう。龍馬ならこう言うに違いない。『オプションで儲けて、世界の海援隊を作るぜよ!!』。そして信長なら次のように考えるはずだ。『このオプションなるものを上手く利用して、天下布武のための軍資金を作るべし』と」。

ポンちゃんは、こうしてオプションにロマンを感じるようになった。この投資はただの老後資金作りのためじゃない。もちろん、まず自分が食べて行けなければ何の意味もない。だからまず第一に、「老後の年金代わりの生活資金の捻出」だ。

しかし、それだけでは少し淋しい気もする。一日ごとの細かいサヤ取りとは別に、株の大きな暴落の際のオプションのプット（日経平均が下がれば儲かる商品）による儲けのやり方も研究することにした。これで得られる大きな資金を使って、何か死ぬまでに世の中のためになることをしたい。ポンちゃんにまた大きな〝夢〟ができた。それもこのオプションのおかげだ。

そういえば初の戦国大名と言われる北条早雲は、室町幕府の堕落した政治に愛想を尽かし、五〇歳過ぎから（今で言えば七〇歳を過ぎてから）新たな志を立て、伊豆から相模の辺りを乗っ取って独立国家とし、民衆のために善政を敷いた。そう考えてみれば、オレもまだ六五歳ではないか。オプション取引の技術をさらに磨いてそれなりの軍資金を作り、財政破綻して乱れ切ったこの日本に「新しい旗」を立てるための何か事業をやろう。そうだ、志ある若者を育てるための「私塾」でも開こうか……。こうして、ポンちゃんの夢は広がる一方である。

オレの人生も捨てたものじゃないな——最近つくづくこう思えるようになっ

た。老境に達して人生の本当の喜びを知ることができ、若い頃には味わえなかった別の幸せがポンちゃんにやってきた。

二〇一九年一二月吉日

浅井　隆

■今後、『本当は二〇〇〇万円ではなく一億円足りない!?』『ワイフ・ロボット』『中国、香港発世界大恐慌で1ドル=90円、日経平均1万2000円に』（すべて仮題）を順次出版予定です。ご期待下さい。

浅井隆からの重要なお知らせ

――恐慌および国家破産を勝ち残るための具体的ノウハウ

オプション・デイトレ集中セミナー

「オプション・デイトレって面白そうだなぁ」と興味を持った方の中には、「でも実際のところ、何から始めたらいいの?」といきなりつまずいた方も多いかと存じます。なにしろ、オプション取引は独学しようにも他の投資法に比べて書籍などの情報が少なく、また内容も簡単なものから難解なものまで様々です。またデイトレについても、色々な手法がありすぎる一方、詳しい解説が少ないものも多く何からどう手を付けていいか迷ってしまいます。知っておくべきことや準備が必要なことが多いにも関わらず、習得に役立つ情報がなかなか見当たらないといった側面が「オプション取引」そして「デイトレ」にはあり、そのためイザ取り掛かろうしても何をしていいか迷ってしまうわけです。

そこで、本書を手に取り「一丁自分も『ポンちゃん』を見習って挑戦してみるか！」とお考えの方に、「オプション取引」と「デイトレ」を実践するにあたって必要な知識・道具・考え方（心得）を短期間で網羅するための特別な勉強会「オプション・デイトレ集中セミナー」（全三回）を開催いたします。

◆オプション・デイトレ集中セミナー（全三回）

日程
第一回二〇二〇年五月二七日
第二回二〇二〇年六月二五日
第三回二〇二〇年七月二二日
各日とも一一時～一六時（途中一時間休憩あり）
参加費　二〇万円（税別　全三回 部分参加は原則不可）

本書に登場した「ポンちゃん」は、独学に加えて外部の勉強会やセミナーも活用し、自分なりのデイトレ法を確立し、そして日々実践しながらその手法に磨きをかけてきました。時には失敗もしながら知識と経験を蓄えたわけですが、決して一朝一夕の道のりではありません。

しかし、これから「オプション・デイトレ」を一から取り組む方が、必ずしも「ポンちゃん」と同じような道を歩む必要はありません。「ポンちゃん」の知識と経験を元に、自分が何を準備し、何を勉強すればいいのかを知ることができれば、「ポンちゃん」に近づくための最短の道をたどることができるようになります。この集中セミナーは、こうした「必要知識」を一気に手に入れられる極めて効果的な場になるでしょう。

第二、第三の「ポンちゃん」を目指す方は、ぜひとも本セミナーをご活用ください。

オプション・デイトレ集中セミナー説明会

「オプション・デイトレ集中セミナー」に興味はあるものの、今少しセミナーの概要について詳しく知りたい向けに「オプション・デイトレ集中セミナー説明会」を二〇二〇年四月二七日（月）に開催いたします。全三回で開催する「オプション・デイトレ集中セミナー」でどのような内容に触れるのか、またオプション・デイトレの習得を加速させるためにどう役立つのかをわかりやすく解説していきます。

当日は、「オプション・デイトレ」の他にも、「オプション取引」の習熟を全面支援し、また取引に参考となる市況情報なども発信する「オプション研究会」についても解説いたします。また、日本の財政危機に備える資産防衛法を助言する「ロイヤル資産クラブ」「自分年金クラブ」についても説明予定です。

日本が抱える借金の規模は、太平洋戦争の末期を超えようとしています。年金や医療などの社会保障制度の崩壊に際し、自分で自分の年金を稼ぎ資産を守り、さらに殖やしていくことが必要な時代が到来します。ぜひ奮ってご参加下さい!!

「㈱日本インベストメント・リサーチ　オプション・デイトレ集中セミナー説明

会」担当　山内・齋藤
TEL：〇三（三二九一）七二九一　FAX：〇三（三二九一）七二九二
Eメール：info@nihoninvest.co.jp

「オプション研究会」好評始動中!!

リーマン・ショックから一〇年。市場はすさまじい恐慌相場による教訓を忘れ、一部では溢れかえる金融緩和マネーの流入によってバブル経済を引き起こしつつあります。世界経済は次なる暴落局面に向けて着々とエネルギーを蓄えているかのようです。しかし、こうした相場大変動の局面は「オプション投資」にとっては千載一遇の大チャンスにもなり得ます。

このチャンスをしっかりとモノにできれば、サラリーマンは資産家に、そして小金持ちは大富豪になることすら夢ではありません。ただ、この好機をつかむためには、オプション取引の基本を理解し、暴落相場における収益シミュレーションを入念に行なって、いざコトがはじまった時にすぐさま対応できるよう準備を整えることがなにより重要です。またこうした準備は、なるべく早いうちに行なうことが成功のカギとなります。

そこで今回、浅井隆自らがオプション投資の魅力と活用のコツ、そしてそれを実践するための基本から、暴落時の投資シナリオに至るまでの必要な知識と実践法を伝授し、そしてイザ大変動が到来した際は、投資タイミングに関する情報も発信する新たな会員制クラブ「オプション研究会」を二〇一八年一〇月一日に発足しました。募集早々からお問い合わせが殺到し、第一次募集の定員一〇〇名と、追加枠の一〇〇名の合計二〇〇名についても満員となりました。その後しばらくはキャンセル待ちとなっておりましたが、現在は若干数のお席が用意できる状態となっております。ただ、こちらも応募の殺到が予想されますので、お早めのお申し込みをお奨めします。

ここで「オプション取引」についてご存じない方のために、ごく簡単にその魅力の一端をご紹介します。

まず、投資対象は大阪取引所に上場されている「日経平均オプション」という金融商品で、ある将来時点での日経平均株価を、あらかじめ決まった価格で「買う」または「売る」ことのできる権利を売買する取引になります。投資に少し明るい方や投資本などからは「リスクが高く難しいプロ向けの投資法」という指摘がありますが、これは「オプション取引」の一側面を説明しているに過ぎません。実は基本的な仕組みとリスクの高いポイントを正しく理解すれば、リスクを限定しつつ、少額から投資して資金を数十～数百倍にもすることが可能となる、極めて魅力的な投資法となるのです。

オプション取引の主なポイントは以下の通りです。

①取引を権利の「買い建て」に限定すれば、損失は投資した額に限定され、追証が発生しない（つまり損失は限定）

②数千もの銘柄がある株式投資と異なり、日経平均の「買う権利」（コール）を買うか「売る権利」（プット）を買うかなので、ある意味単純明快

③日本の株価がいつ大きく動くのか、タイミングを当てることが成否の最大のポイント

④給与や年金とは分離して課税される（税率約二〇％）

⑤二〇一九年後半～二〇二〇年、株式相場は大荒れが予想されるのでオプションは人生最大のチャンスになる！

「オプション研究会」では、オプション投資はおろか株式投資の経験もないという方でも、チャンス到来の時にはしっかりと取引を行なって収益機会を活用できることを目指し、懇切丁寧に指導いたします。もちろん、オプション取引は「誰でも簡単に投資し、利益を得られる」というものではありませんが、「一生に一度」にもなるかもしれない好機をぜひ活かしたいという意欲があれば、必ずやこのクラブを通じてオプション投資の基本を習得し、そして実践できるだけの力を身に付けていただけると自負いたします。また、大きな収益期待がある投資方法は、それに伴うリスクにも十分に注意が必要となりますが、その点についてもクラブにて手厚く指導いたしますのでご安心下さい。

ご関心がおありの方は、ぜひこのチャンスを逃さずにお問い合わせ下さい。

「㈱日本インベストメント・リサーチ　オプション研究会」担当　山内・稲垣・関

TEL：〇三（三二九一）七二九一　FAX：〇三（三二九一）七二九二
Eメール：info@nihoninvest.co.jp

浅井隆が詳説！「オプション研究会」無料説明会DVD

オプションに重大な関心を寄せているものの、どのようにしてオプション投資にとりかかればよいかわからないという方のために、浅井隆自らがオプション投資の魅力と活用のコツ、そしてそれを実践するための専門的な助言クラブである「オプション研究会」の内容を詳しく解説した無料説明会DVDを頒布いたします（内容は二〇一八年一二月一五日に開催した説明会を収録したものです）。「書籍を読んだけど、今少し理解を深めたい」「浅井隆からのメッセージを直接聞いてみたい」という方は、ぜひこの機会にご入手下さい。なお、音声のみをご希望の方にはCDの頒布もございます。

「オプション研究会 無料説明会 受講DVD／CD」
（収録時間：DVD・CDとも約一六〇分）

価格：特別ＤＶＤ……三〇〇〇円（実費 送料込）
ＣＤ……二〇〇〇円（実費 送料込）
※ ＤＶＤ・ＣＤとも、お申し込み確認後約一〇日でお届けいたします。
「オプション研究会 無料説明会 受講ＤＶＤ」に関するお問い合わせは、
「㈱日本インベストメント・リサーチ オプション研究会 担当」まで。
ＴＥＬ：〇三（三二九一）七二九一　ＦＡＸ：〇三（三二九一）七二九二
Ｅメール：info@nihoninvest.co.jp

厳しい時代を賢く生き残るために必要な情報収集手段

日本国政府の借金は、先進国中最悪でＧＤＰ比二四〇％に達し、太平洋戦争終戦時を超えていつ破産してもおかしくない状況です。国家破産へのタイムリミットが刻一刻と迫りつつある中、ご自身とご家族の老後を守るためには二つの情報収集が欠かせません。

一つは「国内外の経済情勢」に関する情報収集、もう一つは「海外ファンド」

や「海外の銀行口座」に関する情報収集です。これらについては、新聞やテレビなどのメディアやインターネットでの情報収集だけでは十分とは言えません。私はかつて新聞社に勤務し、以前はテレビに出演をしたこともありますが、その経験から言えることは「新聞は参考情報。テレビはあくまでショー（エンターテインメント）」だということです。インターネットも含め誰もが簡単に入手できる情報でこれからの激動の時代を生き残って行くことはできません。

皆さんにとって、もっとも大切なこの二つの情報収集には、第二海援隊グループ（代表：浅井隆）が提供する特殊な情報と具体的なノウハウをぜひご活用下さい。

"恐慌および国家破産対策"の入口「経済トレンドレポート」

皆さんに特にお勧めしたいのが、浅井隆が取材した特殊な情報や、浅井が信頼する人脈から得た秀逸な情報をいち早くお届けする「経済トレンドレポート」です。今まで、数多くの経済予測を的中させてきました。

そうした特別な経済情報を年三三回（一〇日に一回）発行のレポートでお届

けします。初心者や経済情報に慣れていない方にも読みやすい内容で、新聞やインターネットに先立つ情報や、大手マスコミとは異なる切り口からまとめた情報を掲載しています。

さらにその中で恐慌、国家破産に関する『特別緊急警告』『恐慌警報』も流しております。「激動の二一世紀を生き残るために対策をしなければならないことは理解したが、何から手を付ければよいかわからない」「経済情報をタイムリーに得たいが、難しい内容にはついて行けない」という方は、まずこの経済トレンドレポートをご購読下さい。経済トレンドレポートの会員になられますと、講演会など様々な割引・特典を受けられます。詳しいお問い合わせ先は、㈱第二海援隊まで。

恐慌・国家破産への実践的な対策を伝授する会員制クラブ

国家破産対策を本格的に実践したい方にぜひお勧めしたいのが、第二海援隊の一〇〇％子会社「株式会社日本インベストメント・リサーチ」（関東財務局長（金商）第九二六号）が運営する三つの会員制クラブ（「自分年金クラブ」「ロイヤル資産クラブ」「プラチナクラブ」）です。

まず、この三つのクラブについて簡単にご紹介しましょう。「自分年金クラブ」は、資産一〇〇〇万円未満の方向け、「ロイヤル資産クラブ」は資産一〇〇〇万〜数千万円程度の方向け、そして最高峰の「プラチナクラブ」は資産一億円以上の方向け（ご入会条件は資産五〇〇〇万円以上）で、それぞれの資産規模に応じた魅力的な海外ファンドの銘柄情報や、国内外の金融機関の活用法に関する情報を提供しています。

恐慌・国家破産は、なんと言っても海外ファンドや海外口座といった「海外の活用」が極めて有効な対策となります。特に海外ファンドについては、私たちは早くからその有効性に注目し、二〇年以上にわたって世界中の銘柄を調査してまいりました。本物の実力を持つ海外ファンドの中には、恐慌や国家破産といった有事に実力を発揮するのみならず、平時には資産運用としても魅力的なパフォーマンスを示すものがあります。こうした情報を厳選してお届けするのが、三つの会員制クラブの最大の特長です。

その一例をご紹介しましょう。三クラブ共通で情報提供する「ATファンド」は、先進国が軒並みゼロ金利というこのご時世にあって、年率六～七％の収益を安定的に挙げています。これは、たとえば三〇〇万円を預けると毎年約二〇万円の収益を複利で得られ、およそ一〇年で資産が二倍になる計算となります。しかもこのファンドは、二〇一四年の運用開始から一度もマイナスを計上したことがないという、極めて優秀な運用実績を残しています。日本国内の投資信託などではとても信じられない数字ですが、世界中を見渡せばこうした優れた銘柄はまだまだあるのです。

冒頭にご紹介した三つのクラブでは、「ATファンド」をはじめとしてより高い収益力が期待できる銘柄や、恐慌などの有事により強い力を期待できる銘柄など、様々な魅力を持ったファンド情報をお届けしています。なお、資産規模が大きいクラブほど、取扱銘柄数も多くなっております。

また、ファンドだけでなく金融機関選びも極めて重要です。単に有事にも耐え得る高い信頼性というだけでなく、各種手数料の優遇や有利な金利が設定されている、日本にいながらにして海外の市場と取引ができるなど、金融機関も様々な特長を持っています。こうした中から、各クラブでは資産規模に適した、魅力的な条件を持つ国内外の金融機関に関する情報を提供し、またその活用方法についてもアドバイスしています。

その他、国内外の金融ルールや国内税制などに関する情報など資産防衛に有用な様々な情報を発信、会員様の資産に関するご相談にもお応えしております。浅井隆が長年研究・実践してきた国家破産対策のノウハウを、ぜひあなたの大切な資産防衛にお役立て下さい。

詳しいお問い合わせは「㈱日本インベストメント・リサーチ」まで。

TEL：〇三（三二九一）七二九一　FAX：〇三（三二九一）七二九二
Eメール：info@nihoninvest.co.jp

「ダイヤモンド投資情報センター」

現物資産を持つことで資産保全を考える場合、小さくて軽いダイヤモンドは持ち運びも簡単で、大変有効な手段と言えます。近代画壇の巨匠・藤田嗣治は第二次世界大戦後、混乱する世界を渡り歩く際、資産として持っていたダイヤモンドを絵の具のチューブに隠して持ち出し、渡航後の糧にしました。金だけの資産防衛では不安という方は、ダイヤモンドを検討するのも一手でしょう。

しかし、ダイヤモンドの場合、金とは違って公的な市場が存在せず、専門の鑑定士がダイヤモンドの品質をそれぞれ一点ずつ評価して値段が決まるため、売り買いは金に比べるとかなり難しいという事情があります。そのため、信頼できる専門家や取扱店と巡り合えるかが、ダイヤモンドでの資産保全の成否の分かれ目です。

そこで、信頼できるルートを確保し業者間価格の数割引という価格での購入が可能で、GIA（米国宝石学会）の鑑定書付きという海外に持ち運んでも適正価格での売却が可能な条件を備えたダイヤモンドの売買ができる情報を提供いたします。

ご関心がある方は「ダイヤモンド投資情報センター」にお問い合わせ下さい。

TEL：〇三（三二九一）六一〇六　担当：大津

『浅井隆と行くニュージーランド視察ツアー』

南半球の小国でありながら独自の国家戦略を掲げる国、ニュージーランド。浅井隆が二〇年前から注目してきたこの国が今、「世界でもっとも安全な国」として世界中から脚光を浴びています。核や自然災害の脅威、資本主義の崩壊に備え、世界中の大富豪がニュージーランドに広大な土地を購入し、サバイバル施設を建設しています。さらに、財産の保全先（相続税、贈与税、キャピタルゲイン課税がありません）、移住先としてもこれ以上の国はないかもしれません。

そのニュージーランドを浅井隆と共に訪問する、「浅井隆と行くニュージーランド視察ツアー」を毎年一一月に開催しております。現地では浅井の経済最新情報レクチャーもございます。内容の充実した素晴らしいツアーです。ぜひ、ご参加下さい。

TEL：〇三（三二九一）六一〇六　担当：大津

浅井隆のナマの声が聞ける講演会

著者・浅井隆の講演会を開催いたします。二〇二〇年は東京・四月二八日（火）、大阪・四月三〇日（木）、福岡・五月一日（金）を予定しております。経済の最新情報をお伝えすると共に、生き残りの具体的な対策を詳しく、わかりやすく解説いたします。

活字では伝えることのできない肉声による貴重な情報にご期待下さい。

詳しいお問い合わせ先は、㈱第二海援隊まで。

■第二海援隊連絡先

ＴＥＬ：〇三（三二九一）六一〇六　ＦＡＸ：〇三（三二九一）六九〇〇
Ｅメール：info@dainikaientai.co.jp
ホームページアドレス：http://www.dainikaientai.co.jp/

第二海援隊ホームページ

また、第二海援隊では様々な情報をインターネット上でも提供しております。詳しくは「第二海援隊ホームページ」をご覧下さい。私ども第二海援隊グループは、皆さんの大切な財産を経済変動や国家破産から守り殖やすためのあらゆる情報提供とお手伝いを全力で行ないます。

また、浅井隆によるコラム「天国と地獄」を一〇日に一回、更新中です。経済を中心に、長期的な視野に立って浅井隆の海外をはじめ現地生取材の様子をレポートするなど、独自の視点からオリジナリティ溢れる内容をお届けします。

ホームページアドレス：http://www.dainikaientai.co.jp/

〈参考文献〉

【新聞・通信社】

『日本経済新聞』『読売新聞』『ロイター』

【書籍】

『福祉政治』（宮本太郎・有斐閣）

【拙著】

『100万円を6ヵ月で2億円にする方法！』（第二海援隊）
『10万円を10年で10億円にする方法』（第二海援隊）
『恐慌と国家破産を大チャンスに変える！』（第二海援隊）

【論文】

『皆年金制度の成立：国民年金をめぐって』（朝日讓治・ゆうちょ財団）
『社会保障の展開と展望』（隅谷三喜男・日本学士院紀要）
『ジェトロセンサー 2009年3月号』

【ホームページ】

フリー百科事典『ウィキペディア』
『内閣府』『財務省』『厚生労働省』『総務省統計局』『論座』『広辞苑』
『国立社会保障・人口問題研究所』『大阪取引所（日本取引所グループ）』
『年金シニアプラン総合研究機構』『ダイヤモンドオンライン』
『BUSINESS INSIDER』『現代ビジネス』『NIKKEI STYLE』『コトバンク』
『Yahoo！ JAPANニュース』『厚生年金・国民年金情報通』
『年金のまなびば』『nippon.com』『世界史の窓』『Youtube』

〈著者略歴〉
浅井　隆　（あさい　たかし）
経済ジャーナリスト。1954年東京都生まれ。学生時代から経済・社会問題に強い関心を持ち、早稲田大学政治経済学部在学中に環境問題研究会などを主宰。一方で学習塾の経営を手がけ学生ビジネスとして成功を収めるが、思うところあり、一転、海外放浪の旅に出る。帰国後、同校を中退し毎日新聞社に入社。写真記者として世界を股に掛ける過酷な勤務をこなす傍ら、経済の猛勉強に励みつつ独自の取材、執筆活動を展開する。現代日本の問題点、矛盾点に鋭いメスを入れる斬新な切り口は多数の月刊誌などで高い評価を受け、特に1990年東京株式市場暴落のナゾに迫る取材では一大センセーションを巻き起こす。
その後、バブル崩壊後の超円高や平成不況の長期化、金融機関の破綻など数々の経済予測を的中させてベストセラーを多発し、1994年に独立。1996年、従来にないまったく新しい形態の21世紀型情報商社「第二海援隊」を設立し、以後約20年、その経営に携わる一方、精力的に執筆・講演活動を続ける。2005年7月、日本を改革・再生するための日本初の会社である「再生日本21」を立ち上げた。主な著書：『大不況サバイバル読本』『日本発、世界大恐慌！』（徳間書店）『95年の衝撃』（総合法令出版）『勝ち組の経済学』（小学館文庫）『次にくる波』（PHP研究所）『Human Destiny』（『9・11と金融危機はなぜ起きたか!?〈上〉〈下〉』英訳）『あと2年で国債暴落、1ドル＝250円に!!』『いよいよ政府があなたの財産を奪いにやってくる!?』『あなたの老後、もうありません！』『日銀が破綻する日』『預金封鎖、財産税、そして10倍のインフレ!!〈上〉〈下〉』『トランプバブルの正しい儲け方、うまい逃げ方』『世界沈没——地球最後の日』『世界中の大富豪はなぜＮＺに殺到するのか!?〈上〉〈下〉』『円が紙キレになる前に金を買え！』『元号が変わると恐慌と戦争がやってくる!?』『有事資産防衛　金か？　ダイヤか？』『第2のバフェットか、ソロスになろう!!』『浅井隆の大予言〈上〉〈下〉』『2020年世界大恐慌』『北朝鮮投資大もうけマニュアル』『この国は95%の確率で破綻する!!』『徴兵・核武装論〈上〉〈下〉』『100万円を6ヵ月で2億円にする方法！』『最後のバブルそして金融崩壊』『恐慌と国家破産を大チャンスに変える！』『国家破産ベネズエラ突撃取材』『都銀、ゆうちょ、農林中金まで危ない!?』『10万円を10年で10億円にする方法』『私の金が売れない！』『株大暴落、恐慌目前!』『2020年の衝撃』（第二海援隊）など多数。

デイトレ・ポンちゃん——年金分（月30万）は自分で稼ぐ！

2020年1月24日　初刷発行

著　者　浅井　隆
発行者　浅井　隆
発行所　株式会社　第二海援隊
〒101-0062
東京都千代田区神田駿河台2-5-1　住友不動産御茶ノ水ファーストビル8F
電話番号　03-3291-1821　　FAX番号　03-3291-1820

印刷・製本／株式会社シナノ

ISBN978-4-86335-202-5
Printed in Japan

第二海援隊発足にあたって

日本は今、重大な転換期にさしかかっています。にもかかわらず、私たちはこの極東の島国の上で独りよがりのパラダイムにどっぷり浸かって、まだ太平の世を謳歌しています。

しかし、世界はもう動き始めています。その意味で、現在の日本はあまりにも「幕末」に似ているのです。ただ、今の日本人には幕末の日本人と比べて、決定的に欠けているものがあります。それこそ、志と理念です。現在の日本は世界一の債権大国（＝金持ち国家）に登り詰めはしましたが、人間の志と資質という点では、貧弱な国家になりはててしまいました。それこそが、最大の危機といえるかもしれません。

そこで私は「二十一世紀の海援隊」の必要性を是非提唱したいのです。今日本に必要なのは、技術でも資本でもありません。志をもって大変革を遂げることのできる人物と、それを支える情報です。まさに、情報こそ〝力〟なのです。そこで私は本物の情報を発信するための「総合情報商社」および「出版社」こそ、今の日本にもっとも必要と気付き、自らそれを興そうと決心したのです。

しかし、私一人の力では微力です。是非皆さんの力をお貸しいただき、二十一世紀の日本のために少しでも前進できますようご支援、ご協力をお願い申し上げる次第です。

浅井　隆